悅ㄩㄝˋ 樂ㄩㄝˋ 樂ㄌㄜˋ

音樂性的重要

華德福音樂課程的發展與實踐

The Importance of Being Musical

The Development and Practice of a Music Curriculum

作者：欣希雅・佛朗吉羅 Cynthea A.Frongillo

譯者：李靜宜

序

台灣華德福教育協會有自己的藏書，開放給所有會員自由閱讀與借書。藏書目錄在協會網頁最上面一行項目欄位可見，歡迎借閱。

這一本華德福學校音樂課程教學參考書在協會的圖書書目上已經列著好多年，它是一本直接可用的音樂教學工具書。作者本身遵從魯道夫史代納博士對於音樂與靈性關係發展的論述，作者透過自己在音樂教育上的機會，運用對此的認識來帶領孩子音樂天性的啓發，行之多年成效很高，肯定值得在校國小、國中、高中音樂老師及主帶老師參考使用。協會本著好書分享，好書推廣，鼓勵會員大量閱讀，並努力購買藏書，開放會員借閱。當協會行之有餘時，或針對一本不能不被看見的好書時，我們會想辦法翻譯成中文，然後出版印行。明知我們沒有行銷的專業能力，每次出版總是有成本與庫存壓力，還是忍不住翻譯出版！希望協會翻譯出版的每一本中文書籍，都能帶給大家眞正的收穫與益處！

台灣華德福教育協會　許綺文

目 錄

序 8

前言 14

介紹 18

■ *Part One* 幼兒園至八年級的歌唱課程

華德福學校生活裡的音樂 30

    現場音樂 *vs* 錄音音樂 32

    音樂性的體驗與技巧：歌唱與器樂 36

    大綱 36

    一路唱過各年級 38

    教師的訓練與教育 41

小學裡的歌唱 46

幼稚園 48

一年級 52

    呈現一首歌 55

    初次辨識音高 57

    體驗聽見的聲音 58

二年級 62

    第一次的節奏練習 62

    低年級的歌唱練習 63

    圖像形式的音樂記號 64

一些音樂性的遊戲 67

三年級 70

大三度音程與小三度音程 70

班上的第一次呈現 75

每堂課的開始 / 唱歌練習 78

初次介紹五線譜和音樂記譜法 82

節奏練習 85

三年級的和聲 86

四年級 90

排課進度的提醒 92

四年級新的練習 93

音階 The sacle 93

分部合唱 95

跟上節拍 97

看懂樂譜中的音程 100

進一步的樂理與記譜 102

變音記號 Accidentals 103

音程練習 104

給音樂老師的提醒 106

五年級 110

音樂體驗的美 110

發展視唱技巧 Movable Do 114

六到八年級 120

合唱團 120

音樂即科學～克拉尼金屬板 (*Chladni plate*) 與聲音的

「形狀」 124

青春期和音樂 130

課綱裡的多種作法 134

■ *Part Two* 一至八年級的樂器課程

低年級的器樂課程 138

一年級 142

為笛子做些準備 142

五音笛 144

第一堂直笛課 145

二年級 150

音高與節奏 － 發展音樂技巧的兩個練習 151

課程的結構 152

三年級 154

介紹七音笛 154

音階及其練習 155

里拉琴 156

小提琴 157

四年級 160

熱衷於視譜 160

直笛的初步視譜練習 163

小提琴 166

五年級 168

直笛家族 168

各種弦樂 171

新樂器的提供、費用與保存 171

高年級 176

六年級、七年級與八年級 176

器樂課程～排課的建議 177

不同班級裡的直笛課 179

附錄 A：學生的個別課 182

附錄 B：幫助「嘶吼者」找到音，與孩子個別工作 ... 186

附錄 C：一份簡要的建議課程 190

歌唱課的練習 196

直笛課的練習 206

給五年級的音樂性技巧小考 208

參考書目 210

出版後記 214

前 言

在雕塑性的、繪畫式的領域裡，我們看到了美，我們活在其中；然而在音樂的領域裡，我們自己就變成了美。人在音樂裡頭是創造者。他所創造之物並非來自於原本就有的，而是為日後所要升起的，立下堅穩的基石。

~魯道夫·史代納 **教師實用指引**

這一本小書，是 15 年來我在華德福學校教音樂的經驗所生成的。我沒有接受過正式的音樂訓練，但是在我第一年帶班上課時，在同事們的請求下去教音樂。理由很簡單，只因為我很愛唱歌、會吹直笛，而這兩樣也都還做得不錯。

我從做事中開始學習，一開始大多先發現哪些是不該做的，然後摸索出一些可行的點子，再逐步以時間來精煉這些想法。對我而言，如何在音樂課堂中去實踐魯道夫、史代納在教學上的指引，是一場令人驚嘆的探索之旅。但我也氣餒地看到，對於音樂課程的排課建議卻極少能實際地貫徹執行，因為它必須在整個學校全面

性的課程表上，和其他諸多需求做一些權衡。在晨間休息時段之後就接著上歌唱課，絕對是困難的但卻經常發生，只因受限於時間上的考量。不過，我已然覺得，我們能給孩子們唯一最重要的禮物，就是音樂。

要建構一個適合的音樂課程計畫，得花上許多年的時間。想要組織一個合唱團，及一個由六、七、八年級學生所組成的交響樂團，孩子需要擁有相當的視譜能力，這些技巧都要在二、三年級的時候就開始準備學習。學生群體裡需要創造出一種風氣，讓他們對身為學校交響樂團的一員充滿了期待，同時也要找出在整個音樂課程中涵蓋的不同領域中，能夠主導帶領並且一起工作數年的教師們。

但不巧的是，音樂老師經常是學校教師群中，最常有變動的一員。在我的經驗裡，這是常有緊急狀況發生的一個區域。只因為音樂家們通常都生活在貧窮的邊緣，（音樂在現代社會所處地位之寫照），他們得依靠在許多不同地點兼差來過活。當經濟上出現迫切需求時，他們就很有可能會離開學校。突然間，學校得趕緊找到一個人來帶領弦樂，而這人通常沒有華德福教育背景；某些學校的伴奏更是隨著季節來來去去。最常見的

應變之道，就是從學校所在的社區裡招募一些音樂人來上陣，他們擁有極佳的技巧與天賦，卻沒有多少和孩子們相處的經驗，也沒有任何課堂管理的技巧。

面對這麼一個在生命裡如此重要的領域，我們卻給予極少的資源來為這一份適切的音樂課程，準備需要的樂器及資材。這一本書同時也是一種請願，希望教師們及所有教職員們能對這一個纖細且敏銳的心魂教育，給予所需的時間和空間，讓它得以成長。

依著合作的精神，我將這本書獻給我的同事們～突然擔負起音樂課程的新老師，或剛踏入華德福教育領域且已具有音樂教學經驗的老師，及已在這領域裡「從事音樂」多年的資深老師們。在此說明它不是工作手冊或是教音樂的方法，不妨視它為一種開放的對話。這些都是在我的教學上行得通的方式，以及我發現它們為什麼有用。它們是開放修正的，事實上，我自己也持續尋找新事物，或者發現在這一班適用的東西，卻絕對不宜用在另外一班。基於這樣的精神，我在華德福學校裡開啟了音樂教學的對話。

介　紹

　　古老年代裡的人們感知到，整個宇宙是活在樂音裡。他們深深凝視那沒有現代光害的夜空，在繁星輝映，運轉不息的行星中，他們看到了他們的天神們和他們自己靈魂的家鄉，那是所有音樂性體驗的源頭。當他們於祈禱中與自己的神祇們對話時，他們吟唱著歌，因為他們知道自己曾經來自於一個浸潤於樂音的世界。我們也是一樣，正如魯道夫・史代納的靈視所揭示的，在每晚睡眠的意識裡，我們重新造訪那個世界，我們靈性化與物質化兼具的形體在那個世界得以成形；雖然在我們醒時的生活中，那一種睡眠的意識已變黯淡，不能為我們所用。當宇宙的存有在那個世界從事著祂自己崇高的事工時，色彩與聲音以全然無盡之美的姿態，展現在我們眼前。我們就帶著這一種恢弘雄奇的視野回到我們白天的意識存在狀態，而它化身為一種朦朧的記憶～也就是地球屬性的聲音與和聲。就是這個深深浸潛在我們記憶中的讚嘆，造就我們側身傾聽偶從街頭音樂家唱出美麗的歌聲，或在現代都會生活的吵嚷中，傾聽掠耳而過的一小段莫札特音樂。

今日我們正處在失去這些記憶的危險中，因為環繞在我們周遭有如此多的噪音以及「非音樂性」的音樂。在此我無意譴責努力耕耘的當代作曲家們。顯然在歷史記載下的音樂發展過程裡，有著許多沒能做到的轉折與峰迴。我們距離史代納所預測的，在某種方式能體驗到純音（single tone）的音樂深度還有一大段的距離，而那將會是尚未來到的終極性的音樂經驗，雖然說任何能感受到現代作曲裡不和諧音的人，絕對會同意我們已經抵達半音（half-tones）的階段。但是這一種發展走向，確已將我們的音樂文化往下帶入一條死路。我們正值青春期的孩子們，尤其容易受到媒體的影響，這媒體對於旋律與和聲的欣賞已蕩然無存。當孩子正值殷切尋找典範的年紀時，他們卻無法在流行音樂裡找到真實音樂的典範，甚至連一點音樂的粗略外貌都還沾不上邊。面對這樣子的靈魂需求，身為華德福教師的我們一定要尋得一種方式，就算我們做得不甚完美，但讓孩子能在我們的呵護之下，和最純粹的樂音、旋律以及和聲產生連結；讓這最純粹的範例成為他們沉溺於 MTV 音樂裡機械式節奏的一種制衡的解藥。

　　身為成年人的我們，不管對自然與音樂有多麼的

敏銳，我們在童年時期所體驗到的神奇經驗多已喪失大半。而幼小的孩童在很大的程度裡，仍然活在充滿想像力的音樂與魔力的國度中。對我們大人而言，這只有在夢裡才能企及的領域，夢中那種快速變化的氛圍與事件，從來不會令我們驚訝；夢也帶著某種音樂性的元素，轉換進入了圖像的世界。（註1）夢裡我們居住在一個和孩子沉浸於童話故事時相似的世界：就好像人們突然聽懂了動物的語言，鳥兒鳴唱的聲音，在那兒，一點也不會覺得古怪或是奇幻。

　　事實上那音樂對成年人的我們來說顯然就是一種語言，只是要經過許多思考。對一個純粹因為唱歌的快樂而歌唱的孩童而言，音樂就和說話一般生動。倘若我們說，文字為幼小孩子提供了思想成長力量的食物與物質，那麼音樂就是對其心魂的感受與想像世界，提供滋養與表達的途徑。音樂同時也是生命和動作的節奏，這在今日的生活很容易就會被遺忘，因為昔日在工作時所吟唱的歌曲已經被個人 CD 播放機所取代。基於這個原因，對孩童的教育裡，音樂有著絕大的重要性。剛入學的頭幾年，正值孩子那敏銳的天性可以被培育並發展的年紀。教導幼童音樂，賦予他／她一種不需字彙的語言，

一種情緒表達的語言，這能幫助他／她在青春期的風暴中，當一種很有威力、全新的、濃郁且陌生的情緒席捲而來時，還能夠維持著良好的定力去找出一個出口，從音樂練習中去得到抒發與表達，也能從莫札特、貝多芬及更多的現代大師們的音樂中發現這些音樂家們也曾經歷過相同的激昂的、非凡的情緒翻騰才找到心魂的美麗之處而得到回應。

　　音樂的藝術表現形態獨具，它就只存在於演奏的那一刻。不同於其他的藝術如繪畫、雕塑與建築，這些類別的藝術家們可以在完成作品之後離開；然而音樂在每一個瞬間，都需要有人來使音樂繼續。越優秀的音樂家，越能夠使自己在音樂面前變得透明。作曲家們努力的結果往往不是那成堆的手稿，而是由其中所誕生出來的音樂。就算是錄了音下來，那也是暫時的，或說是一時的；若想要重新聆聽，音樂必然要再被創造一次。音樂的練習是在紀律與想像力上的一種持續鍛鍊。讓心智恣意而行，讓樂音沉吟慢走，會失去音樂內在經驗的下錨點。而一旦注意力分了心，打斷那蘊含著穩定拍子的節奏，音樂也就消失。孩子對音樂有著一種健康的喜愛，是一個機會並打開了一扇門來教導更多他們生命所

必要的。史代納對老師們演講時一再地指出理解音樂本身對各方面都是有益的。他說：「*去幫助孩子們知曉旋律裡的組成結構，這對他們的發展起了神奇的效應。*」（註 2）

音樂能被每個階層所欣賞，而音樂也是每一種文化的產物，無論那文化有多麼入世。歌詞中帶有意義，而曲調本身也有其律則、模式與速度，這也提供任何學者一個正經研究的資源。甚至連音階的形成也根據它的法則與速度，由此感受來看，音樂境界就類似在某一種地景中，襯出我們所聽到的旋律與節奏，再度升起、消逝。

魯道夫・史代納強調音樂的重要性，它甚至超越了我們在地球上的生命時限。音樂是在我們死後，存留的最後一樣東西；它像是對地球生命的一種記憶，那樣的記憶領先進入心魂世界裡的球體音樂的宇宙聲響中。（註 3）實際上，我們是由音樂所塑造出來的，我們那殊勝的骨骼結構比例，就是由音樂的音程形塑出來的。（註 4）年幼的孩子在他生命的早期，像是一種樂器般地發展著他的神經組織：

何謂經驗音樂性，其實是人隱藏起來的一種調整，針對宇宙存在產生內在和諧的、節奏的關係，而人就是

從中被形塑出來的。人的神經纖維，可說是脊椎的衍伸物，這些纖維就是神奇的音樂弦線，從事著多樣形變的活動。脊椎最後的頂點到達腦部，將其神經纖維分佈到整個身體，這就是阿波羅的里拉琴。在地球的範圍裡，心魂－靈性人（soul-spirit man）就是在這些神經纖維上「被彈奏」出來。因此人類本身就是這世界上最完美的樂器；他可以從外在樂器所彈奏出來的曲調中，藝術性地體驗達到某種程度而能感受到自己本身這個樂器，比如說，他感受到自己的血液循環和神經纖維與外在新樂器所發出的弦音有連結。也就是說，人身而爲一個神經人（nerve man），內在是由音樂所組成的；能以藝術性的方式感受，達到某種程度，外在音樂可以和自己內在音樂性結構的神秘性和諧共鳴。（註5）

說真的，掌握機會教導孩子重新回憶起音樂和教導他們在華德福學校裡學習其他課程是同等重要。

註 釋

1. 現在我要求你們認真地比較看看，這些夢的根源底下究竟有著什麼。它們顯示出在情感上、在張力上，也可能在解決方法上的加速與消逝；它們已然顯示出作

夢者無可避免地被導向災難等此類之事。將此和一些
音樂上的基本性做比較，你將發現在這些夢中圖像裡
有著混亂之物，但盡管如此，這物還是有著秩序性的
型態、帶著增強的節奏與聲量、漸弱消逝等等，仍隸
屬於音樂的範疇裡。⋯人們對於音樂性主題的源頭所
知甚少，因為他們對音樂的第一手經驗萌生於入睡至
醒來的這段時間。對今日的人類而言，這項元素仍然
隱藏在無意識裡，除非將夢的圖像交織進入，才能洩
露些許端倪。就是這種無意識元素透過夢境運作～在
音樂裡透過所屬的旋律～這是我們務必要在教育的藝
術上努力去掌握的，為了克服物質主義在我們這時代
所帶來的有害影響。

　　如果你將一個孩子如夢般的生活，和一個成人的
夢境世界，以及人類內在交織著旋律的情況做個比較，
你會發現一個共同的源頭。孩子無意識地學習說話，
彷彿從一個深沉的睡眠醒來，發現自己身處在夢境的
領域裡。這時諸多旋律出現了，我們並不知由來何
處。實際上它們同樣來自一個睡眠的領域。我們在入
睡和醒來之間，經驗到它們那多變的「時間型態
time-shapes」，但是人類在現今的發展階段，還無法

有意識地做到。

魯道夫·史代納　**教育的復甦** *The Renewal of Education* 142-143 頁。

2. 魯道夫·史代納　**教育的復甦** *The Renewal of Education* 143 頁。

3. 當我們死亡後，到達捨棄星辰身的那一時刻，我們同時也捨棄了有著音樂天性的每一件事物，而它提醒我們在地球的這一生。不過在這宇宙性的一刻，音樂也被轉化為星際的音樂。我們變得倚賴著音樂，透過空氣這媒介，將自己提升到另一種音樂，也就是星際的音樂。…因此在音樂和詩詞裡頭，有著我們對於死後我們的世界和我們的存在的懸念。」

魯道夫·史代納　**教育的復甦** *The Renewal of Education* 67 頁。

4. 任何一個從音樂性的觀點來了解人類的人，知道聲音、實際的音、都在人體內在運作著。在人的背部，就在兩個肩胛骨之間，從那兒延伸進入整個人體來賦予外型、形塑出來那些人類形貌，其建構是來自於主調（prime）或是基調（key-note）。再來運作於上手臂

形塑的是第二個音;下手臂是第三個音。那麼因為有大三度和小三度(不是大二度和小二度)所以我們在上手臂有一根骨頭,但在下手臂有著兩根骨頭(橈骨和尺骨);這兩者對應出大三度和小三度。我們的形體是依據著音階的音符所造,音樂性的音程就隱藏在我們身體之內。那些只從外在的方式來了解人類的人們,並不知道人類的外型是由樂音所建構而成。現在我們來到了手,我們有著第四音和第五音。在我們體驗自由活動之際,我們由自身往外;那時,就如同以前,我們握持著外在的自然界(Nature)。這就是當我們體驗第六音和第七音時,會有那種特別之感的原因,那是在體驗優律思美動作時會更強化的一種感覺。必須牢記在心的是,在音樂的發展上,三度音的運用相對之下是較晚出現的。三度音的體驗是一種內在的經驗;人在三度音進入了一種與他自身的內在關係裡。而在七度音中,人很全然地感受到要往外縱身超越他本身之外的世界。將自己放逐到這外在世界,這樣的感受特別強烈地存在於七度音。

魯道夫 · 史代納 **教育裡的人性價值 Human Values in Education** 150 頁。

5. 魯道夫‧史代納 **藝術及其任務** *The Arts and Their Mission* 150 頁。

Part One
幼兒園至八年級的歌唱課程

華德福學校生活裡的音樂

華德福學校納入對所有藝術的介紹，視其為孩子生命整體中的一部份。當其他的學校因為經費上的考量，多少屏除一些藝術課程之時，華德福學校竭盡心力要更完整地將藝術融入每一個學習的領域。雖說史代納在他許多的演講中，隨處可見他對於音樂的思想與觀察，但對於教室裡要教導的音樂，僅有綱要式的提領而已，通常是簡單地提及何時該介紹某種元素。他期待所有的老師都能運用他們的想像力以及對孩子們的愛，來做為教學上的指引。

在華德福學校，音樂幾乎是每一種課程裡頭整合的一部份：在幼稚園，它是早晨要召集孩子們做晨圈時的呼喚；它是一年級主課程裡學習數字的方式；它存在於高年級的地理課程；它也運用在各種語言課程，當然還有在音樂課裡。在低年級年段，老師通常會對整個班級唱著「早安歌」，而全班也充滿歡欣地回唱給老師，就以聽並且回應一個純粹的音，來做為一天的開始。點名時，每一個孩子等著自己的名字被老師唱出來，然後在班上唱出我在這兒，由此老師可以得到「這孩子今天

好嗎？」的另一種回答。幾乎每一個班都會以歌曲做為一天的開始，當孩子各自從不同的家庭聚集到同學們的身邊時，以這種和諧的方式喚醒他們，讓他們全體處於「相同的波長」，有著一致的呼吸和聲音。從一年級開始，每個班都一樣以直笛吹奏音樂來做為當天「晨圈」的一部份。日復一日，孩子們隨著他們在器樂技巧上的進展而日益醒覺，對於控制自己成長中的身體及對呼吸的掌握，還有靈巧協調的能力也跟著與日俱增。

　　所有的華德福學校都重視音樂的原因，如我以上所述；每個班級將它當作他們每日或每週規律學習的一部份。音樂的學習應該是華德福學校課綱的一部份，每一個學校也都應該以設立一個完善的交響樂團及好的合唱團為一個目標；讓中小學和高中都各有其隸屬的樂團和合唱團，大多數的學生有能力了解音樂、讀懂音樂、同時也能單獨地及群體地欣賞音樂。要達到如此的目標，唯一的可能就是需要全體同仁齊心地支援，在每一個階段皆以堅決的意圖作為後盾才能達成。這一路上會有無以計數的失敗與顛仆；這些都是在預期中的，也必須能昂首以對。要建立一個良好的音樂計劃，需要多年的功夫。

　　我們在音樂上的作為，是給予我們學校孩子們的一份禮物。他們在當下，享受著這份愉悅（對一些處在青春期的七年級生，或許會有暫時性的例外）。這也像是童話故事裡的魔法一樣，在孩子們日後的人生旅程，他們將發現音樂是一種自我表達的方法；當他們身處各種情緒風暴之時、在歡慶生命之時、在與其他人建立關係的基礎之時、音樂是他們整個生命裡，一種摻揉著美與神奇的事物。魯道夫‧史代納說：「*音樂使我們成為真正的人。*」

現場音樂 *vs*. 錄音音樂

　　首先要聲明的是，理想上華德福學校裡的音樂研習與音樂演出總是以現場的方式呈現。不論表演者是專業的音樂家來為我們演奏，或者是孩子們自己的演奏，全都是音樂體驗裡的一部份。我們身為老師，沒有一個人會將自己的主課程的內容先錄音下來，然後在上課時播放出來的！如果，按史代納所說與音樂家們對這論點皆有源源不絕的證據，靈性世界的回音與演奏者的心魂會共同存在於演奏者所彈奏的音樂裡頭，那麼給孩子一首音樂的錄音版本，無論其品質有多好，都只是一種機械

性的體驗而已。

　　孩子們很早就學會出席音樂會該具有的端正禮儀，而多年來他們聽過不同班級的演奏與歌唱，也賦予他們很好的欣賞力，當輪到自己上台時，明白要呈現一場好的演出必須具備該有的技巧與練習。在一所完善的華德福學校裡，會有很多的機會讓孩子為彼此演出，並且應該歡迎並盡可能讓孩子參訪學校附近較大社區所舉辦的音樂會。除此之外，孩子們也需要有更正式的演出場合，縱使這些校外演出的安排常常是複雜繁瑣的，並有些其他課程需要做點犧牲。孩子應該要有一個下午的遠足時間，到城市的另一邊為新的聽眾演出，這對我來說總是不言自明。然而來自語言課程老師們的抗議也提醒了我，身為老師的我們常困圍於自己的領域裡，儘管我們都以一個社群的身份努力工作著。想當然我身為一個音樂倡導者，我會在教師團隊之間極力爭取這些活動的機會，因為它們是音樂課程裡不可缺少的一部份啊！

　　當我們看著一個人，聽著那人說話或唱歌、舞蹈或演戲，我們自身的以太姿勢也在同時伴隨著他的動作。我們聆聽時聲帶是活動著的；聽到音樂時，我們的內在起舞著。就是這個自身本質的運作，讓他人被充分了

解，帶我們進入了融合感。藉由一場有才華且有感的音樂演出，我們豐富了自己，高貴了自己。我們甚至會稱呼這樣的經驗為「提昇」。就是這種附屬感的運作，使我們都參與在每一場演出中。（註6）

　　但是這樣的內在運作，在聽錄音音樂之時，卻不復存在。雖然我們的情感可能非常融入，但演奏者當時所投注的獨特意識卻在別處，甚至不在我們聆聽時的經驗裡。身為老師，我們明白當自己沒有帶著全然意識時，給出的指令或指導會有什麼樣的結果（希望我不是那唯一的不時地為這樣的行為感到罪惡的老師！）。我們說話的內容被無視，被漫不經心地執行或根本沒有去做，而我們一再地重複話語也減弱了身為老師該有的效能。那麼，給予孩子這種沒有意識，甚或沒有現場感的音樂體驗，又會造成多大的傷害呢？或許有人會爭辯地說孩子們一直都在聽錄音的音樂，然而這樣的事實唯獨強調身為老師的我們一定要盡可能地努力給予孩子們現場音樂的經驗。

　　使用錄音的音樂必須要小心地衡量其利與弊。為了學習上的目的，有可能會用到錄音音樂。例如說，在一個年齡較大的合唱團，對於孩子們已經在練習的合唱

曲，我們可以播放數種不同風格的演繹版本讓孩子們欣賞。一個在音樂性上有著成熟度的團體，將有能力以評論的角度去聆聽，注意到其中的強弱、拍子、分段、和聲音的品質，並能夠根據這些分析結合改善他們自己的演出。事實上，無論有否使用錄音的音樂，這樣的分析為了它所要的理由是我所推薦的。或是為了上地理課可以介紹某個遠方異地的音樂形式與音樂風格，如果不能夠找到當地的音樂家，或者其音樂超過了授課老師的技巧能力時。在介紹貝多芬的傳記生平時，沒有來一段他的音樂將會顯得沒有意義（這樣的研習若能及時遇上當地的音樂會，然後帶著學生去欣賞，當然會更好）。為了研究樂理，或是為了達到一個程度的練習，有可能使用錄音音樂來做為範例；但僅止於一種介紹的學習途徑，接下來學生還是要能實際的運用。當然，在高中的音樂史主課，一台品質良好的 CD 播放器是必需的。總不可能要求一個交響樂團重複演奏貝多芬第九交響曲的序曲，為了讓全班對樂章的結構發表評論吧！重點是，別忘了如此的研習會有沉重的知識性元素，因為聽見的只有音符和音符之間的關係，而演奏者努力想要將音樂帶入一種存在的臨場感卻付諸闕如。我不建議七年級以

下的班級採行這一種學習方式。（註7）

音樂性的體驗與技巧：歌唱與器樂

　　音樂教學是一個廣泛的科目，隨著孩子各個年級的成長，有許多不同的面向可以採用。會依循著一個連貫的線索，但逐年下來，音樂課綱也有可能變得令人困惑。為了避免太分散的解讀，在此我將先給一個簡短的大綱，然後再分成歌唱和器樂課程兩個部份。此書最後，會有一份按不同年級編排的音樂課綱範例。我提供這份課綱僅供參考，它將因著任何學校、任何老師的個別境遇、才能、及資源作更改或改編。

大綱

　　音樂教學當作一個主科，可以區分成三個範疇。第一個範疇是無伴奏歌唱，一開始孩子們模仿老師唱一些簡單的歌謠。隨著時光推移，進入輪唱，然後分部合唱。在這個範疇裡，強調的是準確的聽力、唱出漂亮單純的音質、以及音程的準確性，這些總總將引領孩子日後精通視譜歌唱。因為對孩子來說唱歌更是自然的事（有許多花耗數月仍和直笛指法苦戰的孩子，通常也都能唱得

很美）。在這範疇裡，樂譜和樂理的介紹最好等到四年級才開始。

在樂器方面，目標是演奏的技巧。從一年級開始學習直笛（最初是特製的五音樂器），單純地以模仿老師的方式來吹奏，就這樣進行好幾年。三年級的時候，孩子們可以接觸里拉琴 lyre，稍後是小提琴來做為課堂上的體驗。（最好等到四年級才來介紹樂譜）。低年級吹奏樂器包括對呼吸和手的訓練、也發展特定樂器的技巧方面。演奏樂器可以利用及練習每一種新的樂器，重點專注在聽到每一個音，這是在先前唱歌時發展出來的能力。（第二個範疇）

華德福學校對節奏的強調，除了節奏本身的因素之外，還有諸多的理由。身為主課程老師最重要的任務之一，是以一種健康的方式，幫助孩子建立其心臟、肺部和節奏之間的關係。這一點當然也是對音樂老師的要求，不過在孩子低年級時，他們從主課程的晨圈活動裡吸收的早已超過音樂課的範圍了。在每一天的每一堂課裡各種移動形式、練習形線畫時、教學裡變化的氛圍，都會對節奏這方面貢獻良多。每天早上練習算數節奏及模式，為了學習數學性的節奏在日後演展入乘法表

的節奏中。一年級老師在晨圈活動中所做的 3 與 4 的乘法遊戲，著實給將來的音樂老師莫大的助益！很可能當你問四年級的學生，某一段他們學過的音樂有哪一個「數字」時，他們會立即回應：「那首歌曲裏頭有數字四！」。班級主帶老師奉行呼吸、拍手和詩韻的節奏與控制來幫助孩子們發展記憶力與協調力，這些都會在日後年級裡音樂學習中有意識地進一步的發展與運用。（第三個範疇）

一路唱過各年級

由於歌唱是我教學的主要內容，我將提供適合低年級的一些音樂與可用資料及我覺得很有效果的一些活動與練習。這樣說吧，一開始我就發覺這些資料很合我用；當然在華德福學校推展風潮裡，一定還有其他的方式來介紹並教導音樂。為了能激發並教導學生，每一位老師必須要能找到他或她自己的教材。對一名沒有甚多經驗的新任音樂老師而言，這些練習可用來做為教學的開端，雖然他很可能會驚懾於華德福音樂教育所要實踐的任務，但這任務卻可以變為一種純然的喜悅與愛的勞力。

　　對於所有準備在自己班上唱歌的老師，有一項要件在此怎麼強調都不為過。事實上最好的音樂老師本身還是個學習者。剛上任的新老師對於同事們要求要在低年級的班上唱歌一事，可能會覺得有些不自在，就算是有經驗的老手也可能如此。我們自己的聲音是很個人化的，它也是我們內在天性一種親密的表達。也許有人會覺得其他人唱得「比我好多了」，因此對唱歌感到不好意思。那麼同樣地，另外一個人有可能私底下認為「我的聲音實在是太美妙了。當然大家會要我在二年級的班上唱歌。」對任何唱歌的老師而言，所需要的並非在那當下讓你的聲音「好聽」，而是需要想像力，能想像出聲音如何可以變得更好。任何一位努力想要讓聲音達到更純粹音的人及能想像甚麼是純粹歌唱的人，以此作為靈感啟發的人，就能做得很好。

　　在為孩子唱歌時，務必牢記音樂能深深地穿透孩子的感官印象。全班都非常擅長於模仿他們聽到的、看到的及感覺到的。這包括了老師本人唱歌的方式，甚麼是她想像的完美的聲音、內在的心情及她的表達。老師對於諸神賦予我們的這份禮物，對聲音的這份敬虔，不需多加言語就能在課堂中充分地表露出來。這甚至能達到最細微的程度。有幾次我教班上的孩子一首歌，這首歌

我只在上課前唱過幾次，對其中的一個特定的音程還不很確定。每一次，雖然唱給孩子們聽的時候我唱得是正確的，但連續好幾個星期無論何時到了那個特定的音程唱那個曲調，孩子們總是結巴！我提出這個經驗因為它指出教師在達到一個音樂上的純粹想像時，她本身的內在經驗的重要性，在此最為重要的是音樂的聲音。

　雖然我們身旁有許多歌唱風格的範例可以模仿，但對於我們所教導的孩子來說，最符合他們所需的是在歌唱中不顯露個性，盡可能讓每一個音聽起來是純粹的。就算你的聲音不是那麼「好聽」，孩子能感受到你的努力，也會一同朝向你所努力達成的品質前進。因為你的班會和你相處多年，你的能力和他們的能力都會一起成長。同時他們也會成為你的「鏡子」，既使你不能非常輕易地改變自己的聲音，但聽聽你的班級所唱出的，你就能清楚看到自己進步多少。若他們的聲音感覺太沉重，或有大叫的傾向，或是唱得太大聲，顯示出來的是身為老師和示範者的你，有些做的不對。而一種銀亮輕快的聲音，一整班快樂地歌唱，甚至在轉調時不需要老師的提示，或當他們在外面場地上玩耍也歌唱著　，這顯示了你正走在正確的途徑上。

教師的訓練與教育

　　市面上有許多好書可以幫助教師們歌唱及改善聲音的品質。其中最完整通達的，要算是沃爾堡・芙爾沛（Valborg Werbeck-Svardstrom）所著的『開展聲音』（Uncovering the Voice）一書。作者基於多年在歌唱領域裡的工作經驗，並在魯道夫・史代納的幫助與指導下，完成了此書。另外還有一本書，由迪娜・溫特（Dina Winter）所著的『歌唱與以太音』（Singing and the Etheric Tone）。根據這些書的內容自行練習當然是可能的，但最好還是能找到一位歌唱教練來練習這些方法。若要從表演音樂的領域裡頭選擇一位音樂老師，可得要多加留心。有許多的教師及歌唱家採取生理性的方式，導致不需要的壓力，強調創造聲音的身體工具，也就是聲帶和呼吸，他們忽略了要發出接近理想的聲音，所需要的想像力及心理上的各種準備。若不能找到人智學的聲樂老師，那麼古典派的聲樂老師會是最佳的人選。先從聆賞多位歌唱家的演出並看看自己是否能聽出他們聲音的不同，從而發展出自身具有評斷力的耳朵開始。現代的歌唱方式應用在爵士樂、流行樂和民謠風，強調並突顯個性與呼吸是要避免的。

　　對於現今任何想要在全面性的音樂訓練裡精進的教

師，最好的方法就是加入某個合唱團體，這個團體要能夠定期聚集練習，還要有經常演出的機會。成為偉大和聲作品裡頭的一部份並感受到它的震顫與神奇，還有與指揮者、交響樂團及其他合唱團員聚集的社群感，這些非常喜悅的經驗，正是我們試著想要深植於學生的體驗。對一名忙碌的教師來說，要在一週裡另外撥出時間加入合唱練習，似乎難以想像。「我已經參加教師會議、要進修、還有每月一次的家長諮詢會談。我如何能再抽出晚上的時間兩或三個小時去練唱，甭提還得在演出前空出額外的時間做彩排了。」但是，經過一整天在學校裡和課程、同事及家長會面等奮戰之際，加上現代生活中諸多要事在身還得備課之餘，能有一個晚上忘我地吟唱巴哈的「聖誕清唱劇」或是韓德爾的「彌賽亞」，絕對會是一劑舒緩靈魂的香膏。這種經由某位稱職的指揮帶領，在聽力上、在視譜上及在音樂判讀上產生的教育，對主課程教師來說，是極佳的學習，日後每一次在班上帶分部音樂練習時將看出成果。對音樂教師而言，它也是一種不可或缺持續進行中的在職訓練。

　　這正可以解救為了用在研究旋律及某作品的曲式構造而從錄音中聽來的音樂。這種較知識性的練習將在高中進行著。旋律的確會活在腦袋裡，誠如每一個會這樣

說「就是無法將曲音從腦海中趕走」的人可以證實。雖然史代納在下列的引述中有著不一樣的意圖，他確實強調了旋律（也就是指曲式分析 melodic analysis）與思考連結的重要性。但不管如何，史代納以下所言，單就其文字本身，就絕對值得在此引用：

旋律的元素引領著音樂性的元素，讓它從感受的領域上升到思考的領域。你不會在主題性的旋律裡找到何謂思考所涵括之物，但是這主題旋律卻也包含某個相同的元素，而這個元素同樣能抵達會產生心智圖像（mental image）的領域。旋律擁有某種和心智圖像非常相近之物，但它並非是個心智圖像；它顯然發生在感受的生命裡。… 在人類天性中，旋律元素的重要性在於它能使頭部和各種感覺連結。若非如此的話，頭部就只會對概念（concept）開放而已。透過旋律，頭部得以對感覺開放，對真實的情感開放。就好像透過旋律將你的心帶到頭部來了。在旋律中你變得自由，如同你處在思考之中；情感變得靜謐又純淨。由此屏除了所有外在的事物，但在同一時刻，情感仍不斷地貫穿流動著。

魯道夫·史代納　音樂的內在天性與音調的經驗
The Inner Nature of Music and the Experience of Tone

註 釋

6.「…所有活在四肢裡，各種活動的可能性…都很重要。
這些在音樂的體驗裡有著無比巨大的重要性，因為舞
蹈的動作和音樂性的經驗是連結在一起的。在我們音
樂性的體驗中，有一大部份是基於一項事實～我們必
須克制自己，不去做這些動作。這裡所顯示出的～音
樂性的體驗是整個人的體驗。」
魯道夫‧史代納 **神秘智慧光照下的藝術** *Art in the Light
of Mystery Wisdom*（倫敦：魯道夫‧史代納出版社，
1970 年），118 頁。

7.「身為老師，我們可以和這旋律的元素一起共事，當
我們向我們的年輕學子展示出音樂性的主題，當我們
分析一首簡單的旋律，如同我們分析一個句子一般。
在孩子還相當小的年紀時，我們已經可以讓他們體驗
一種旋律性的主題，就如同一個說出來的語句。我們
可以顯示給孩子，曲調何時開始，何時結束；或是在某
一個特殊的時刻，這曲調在何處與下一個部份相連。
我們可以對孩子說：這兒是某種音樂上的完全停止，
而這兒，某種新的要開始了，等等。幫助孩子去覺知
到旋律的結構，對他們的發展有著神奇的作用。因為

這樣孩子們的注意力被引導到某種外在的事物，這同時也是人類天性的一部份，只是這點在現代幾乎已不被注意了。」

魯道夫·史代納 **教育的復甦** *The Renewal of Education*，143 頁。

小學裡的歌唱

正如人類經驗到與生俱來的音樂天性一般，人類身體的形塑也是從音樂本身成型的。也因為如此，如果想要成為一名好的音樂老師，他會在孩子一開始進入學校就讀之際，就帶領孩子們一起唱歌。這是一定要的；老師一定要了解這一個真正的事實，歌唱能夠誘發解放，我們的星辰身先前就是這樣子吟唱著、形塑出人類的身體。在換牙到青春期之間，我們的星辰身釋放了；它得到解放。從音樂那非常的精粹本質中出來，形塑出人類並讓他成為一個獨立存有。也就難怪當一名音樂老師理解了這些事實，當他知道人類是被音樂一回又一回地貫透著，他很自然地會運用這樣的知曉，來豐富其帶領的音樂及器樂課程的內容。這就是為何我們不只試著儘早將歌唱帶進孩子的教育，同時也努力讓這些孩子擁有足夠的才能去學習彈奏某種樂器，當音樂的元素從原本活在他們身體裡的狀態，開始解放並得到自由之際，孩子們就有可能真正學習去掌握並進入音樂的元素中。

魯道夫・史代納 **教育裡的人性價值**
Human Values in Education

幼稚園

　　非常幼小的孩子和他們所處環境相依結合的方式，是我們得花費極大心力才有可能憶起的，實際上，是一種我們很難探究的情況。他們以全身的感官來參與這個圍繞著他們的世界，將所看見的，所聽到的，全都吸納進入內在，就像身體在飢餓時，吸收物質性養份那樣。也如同攝取食物後會產生的影響一樣，孩子們的環境、氛圍及存在於他們生活中的視覺和聽覺上的刺激，為他們帶來的非好即壞。因此，我們必須知道這有多大的責任，只能讓這些毫無防備力的孩子暴露在能幫助他們以一種健康的方式成長的事物中！

　　華德福幼兒園是一個溫暖又和諧的世界，在那兒老師輕柔地唱著歌來開始新的活動和故事的進行。孩子們帶著歡喜加入老師，模仿著她來學習新的歌曲，而這些歌曲也都會和季節、某些特定的活動或任務有關聯。孩子體驗在遊戲時那種歡欣的吵雜聲響、有著鎚子敲擊聲、建造房屋的聲音、叫喊聲；相對於此，也有充滿和諧性的旋律來引領孩子進入那更具體、更端正的故事時刻，做為一種節奏性的呼吸。音樂在孩子生命中有它不

可分割的位置。「當一個人回到以歌曲來取代說話時，他就更接近那一個地球存有之前的地域，他從那兒降生進入到地球現況。這是人類的命運，降生並且必須適應這塵世的狀態。然而在藝術的領域裡，人類向後退一步，讓環繞自己塵世的俗務暫停；他得以再一次接近那心魂靈性元素，在這兒他湧現入世地球之前的存在」。（註8）　魯道夫‧史代納　**神秘智慧光照下的藝術 *Art in the Light of Mystery Wisdom***（倫敦：魯道夫‧史代納出版社，1970 年）43 頁和 21 頁

　　史代納對這年齡層的孩子們做的指示中，他推薦使用「五度音調式 *mood of the fifth*」做為兒童旋律的特性姿態。他鼓勵使用五音調式的歌曲，但是在心中懷著特定的目標。他說，孩子在醒著的時間，以一種作夢般的方式漂浮著，還沒有跨出個人化的一步，而這震撼痛苦地一躍，大約會發生在九歲之際。生活在幼稚園的世界以及小學頭幾年的幼齡孩童，他們就像是海洋裡的泡泡～處在一種和周圍環境沒有區別的氛圍裡。我們和他們一起唱的歌，史代納說，必須也要有著同樣漂浮的質感。就因為如此，我們應該選用的旋律是沒有「*do*」這個音、沒有著地、沒有特別調性。要以這種方

式作曲對老師而言，可是個挑戰，但我想強調的是按照我的想法，這正是讓我們一定要採用五音曲調的理由。在坊間可以找到的五音歌本裡，有許多的歌曲只是小調的調式，而且有著許多的「do」音，多到像是在貝多芬的第五交響曲所呈現的！在這兒的重點是我們所使用的旋律，不會老是在每一音節或是每一段歌詞的結尾，以「do」音來做結束（這音就是和歌曲的調性主音相同）。歌曲不應該「回到家」。反之，整個旋律應該要揚起，以第四音或第五音來結束。可能的話，老師應該以這種夢般漂浮的質地來作曲。一旦譜出了曲，我會建議你寫下來，因為在我的經驗裡，這種五音歌曲是很難記住的！我們都太習慣現代歌曲裡「著陸」在那些參考音符上，而這類型的旋律不容易留在我們的腦海裡。這種「漂浮」的歌曲能搭配班上講童話故事時，或是用在晨圈的一部份；孩子們比大人們更容易學會這些歌曲，因為他們還不知道調子或節奏是怎麼一回事兒。然而，我們也不可能限制自己只使用這種類型的曲調，在幼稚園和小學低年級的課堂裡，經常也會使用民族風的小曲、工作歌、還有季節性的歌曲。無論是哪一種歌曲，旋律是要被強調的、盡可能保持自己的聲音是高且滑順的、也要

注重節奏，若有需要搭配手勢。這樣一來我們就能更趨進履行史代納運用樂音來避免孩子入世太深的指示。

　　教導幼童的老師，無論是男是女，都應使用一種高揚、銀亮的音質來唱歌，以示範的方式鼓勵孩子輕柔且流動的唱歌，千萬不要用命令式的口吻，除非真的有個搗蛋鬼出現。這一些都是孩子在他的學校生涯裡，最早的藝術性呼吸課程。以呼吸擁抱著一縷旋律，以充滿感情與優雅的方式，感受它上揚與下降的律動，跟著他們的老師做出動作，這些在幼稚園裡的經驗，就是音樂性的美好基礎。

一年級

　　一年級，歌唱以更有組織的方式持續當作門檻連接一個活動與另一個活動。每一種課程，無論授課老師是誰，通常都以一兩首歌曲做為開始。在主課程裡，一天中的第一節課，歌曲和韻文強調著當時的季節、即將來臨的節慶和主課程內容有關的故事，共同串聯出一個完整的呈現。點名時，老師唱出孩子們的名字，而孩子們也被鼓勵以唱的方式來作出回應。歌曲和韻文都會使用到節奏（rhythm），然而在低年級的課堂中，它主要的目的是去強化記憶並幫助孩子在發展中的統合功能，而非得到音樂上的理解。不過老師仍然可以進行拍手示意的遊戲，在那兒孩子必須要回應的是窗外鳥兒的細啄聲或諸如此類之事。孩子們非常喜愛這種能夠參與其中的遊戲和歌曲。這樣在晨圈中進行的內容和節奏練習的部份，已經為孩子播下了日後四、五年級發展音樂節奏及音樂符號概念性理解的種子。事實上，當孩子有能力以拍手來模仿並回應某種節奏的模式，正是他已經準備好能進入華德福學校的徵兆之一。

　　班級主帶老師若有著特殊的低沉嗓音（這包括了女

性與男低音），應該尋求另一位老師的協助，最好是個女高音，每週到班上幾次和孩子們一起唱唱歌。在聆聽整個班級唱歌時，若查覺到有喊叫的傾向時，這是因為孩子們是以「說話的聲音」在唱，那完全不是真正的唱歌。那是可能並且容易地來導正這種傾向，只要將所有歌曲的音高提高一些，讓孩子們無法以說話的音高來唱歌。如果你的聲音聽起來似乎在低音域比較甜美，但請提醒自己，班上孩子將要模仿的是理想的聲部，未必是你自己的音色。大部分的孩子無論如何都會努力去模仿你的音高。

雖說每個班級各自不同，但總是會有幾個孩子沒有辦法做到此點。他們的聲音會四處遊走，或者會唱到某個音符就停留不動，不論歌曲已經進行到哪兒了。尤其在大一點的班級，這種狀況更有可能發生。如果你的班級裡有五、六個這種「嘶吼者」，而你又對此特別敏感，這會讓你的音樂進行多了些挑戰；不過在孩子這個年紀，你最好還是先忽略它。因為大部分的孩子並沒有自覺到這點，而且許多所謂的「音痴」，會在入學後的幾年，逐步增強自己的能力。所以很重要的是，身為老師不要以任何方式在課堂上指名這些孩子；若其他的孩

子也注意到，就以輕鬆的方式帶過即可。（最近在四年級的班上，我聽到的某個評論是「他有一個彎彎曲曲的聲音！」）。和這樣的孩子一起努力是有可能成功的，但要在他更大一些的時候；到那時他已經夠大，能理解為何是他 / 她被你挑揀出來作點練習的原因。聲音是表達個人內在最親密的方式。當你必須做出這種介入處置時，一定要帶著極大的溫暖和同理心。我會等到孩子至少到四年級時，才會輕柔地喚出這樣的孩子。在書末，對於該如何對應這種境況會有一些說明。（請見附錄 B ）

　　我曾經有過在研習會議中帶領唱歌團體的經驗，而我確定相同的情況不是獨一無二的。好幾次有人單獨地在最開始的集會後帶著近乎絕望的心情來找我。他們在孩童時期，曾被欠缺思慮的手足、朋友或者他們的音樂老師，這是最糟糕的，說他們不會唱歌！而從那一刻開始到現在的成人階段，他們就不曾信心滿滿地唱歌。許多人甚至就此不再唱歌。我個別地與他們對談傾聽，通常他們的聲音或是發聲並無任何問題。當他們還是個孩子時曾經被他人粗心地單挑列名，這樣的情況就此削弱他們將音樂正確帶入成人階段的能力。在設計好用來幫助「不唱歌者」開始唱歌的課程裡，當人們發現自己

的確擁有聲音並能學習使用聲音來創造音樂的當下，常常會感動地流下眼淚。剝奪他人與生俱來神聖的唱歌權利，絕對是一種可怕的罪惡。

呈現一首歌

當要介紹一首新歌時，我總會先講一個和歌曲有關的小故事。就說這是一首關於一隻小松鼠的歌好了。我們要個性化這隻動物，說說你遇到的這隻小松鼠的軼事，或直接就歌曲裡所描述的場景來說個故事。如果碰巧在你班上正好有一兩個孩子是「不喜歡唱歌者」，這樣的開場白將會引起全班的注意。說完故事或介紹之後，老師就要唱出這一首歌，盡可能清楚地唱完整首歌。如果這首歌有合唱的部份，孩子們通常在聽完一次之後，就會迫不及待地想跟唱每一段歌文後重複的部份。若沒有合唱的部份，那麼就一句一句地教唱。第一句我會重複唱幾遍，然後停在樂音中合適的地方，唱第二遍時，班上大部分的孩子都能夠跟我一起唱了。然後我們以這種方式繼續進行，一句一句地，直到唱完整首歌為止。然後我們一起唱出整首歌曲，並重複幾遍。在大多數的學校裡，頭幾年的歌唱是由班級的主帶老師來

完成。如果是由專任的音樂老師來教歌唱，在上第一堂的音樂課時，你的口袋裡至少要準備二到三首歌曲和歌曲的介紹！

　　我總會試著確定所教的歌曲能和孩子們產生連結。我會這樣做藉著我所說的故事、或是和這歌曲有關的一些遊戲、或者讓他們從我教過的歌曲歌詞裡畫出圖畫。你也可以利用班級主帶老師在班上沒帶過的季節性歌曲。偶爾使用鐘琴、里拉琴、或豎琴來伴和著孩子們的歌唱，深化孩子們的經驗，這同時也像是為聲音覆上了一層「披風」，讓孩子得以在裏頭高聲唱歌。孩子必須要能投入他們正唱著的歌曲。這使他們進入自己並活在音樂的內在品質裡。這樣培育出很重要的虔敬氛圍（當然這不代表在音樂課裡就沒有了笑聲！），並且能幫助孩子去記憶歌曲的旋律和歌詞。

　　「…有樣東西必須出現在孩子的心裡較高的位置，感受聲音往內流入的幸福感。想像一下，如果小提琴能夠感受到它琴身內部所進行的事，將會發生何種境況啊！… 假如小提琴可以感覺到每一根弦是如何與下一根弦共振，那麼它將擁有最幸福的經驗，前提當然可得是好的音樂才行！ 所以你一定要讓孩子能擁有這些小小的至

樂經驗，這樣你真的能從他整個的組織體裡，呼喚出一種對音樂的感受，而你自己本身也必須要能從中找到喜悅。」

「當然你必須了解關於音樂的一些事。但是教學的必要部份是我方才所說的這種藝術性元素。」（註 9）

魯道夫・史代納　**童年的王國** *The Kingdom of Childhood*（倫敦，魯道夫・史代納出版社，1974 年），112 頁

在此要提醒老師，不要有太多「孩子氣」及可愛的歌曲。孩子身邊所環繞的媒體已有夠多此類的繁雜訊息，而在音樂課堂上的時間，是要留給真正的音樂。如果能夠適切地介紹合適的歌曲，孩子們會樂於唱出這些歌。如果想要一些輕鬆的氛圍，有許多民謠風味的曲調，不會太善感卻也饒富風情。

初次辨識音高

從一年級開始就已經以手的動作來表示音高是很不錯的做法。它不需要解釋，很多孩子在課堂上就能直接模仿這些動作；它同時也能幫助全班跟著你一起唱，因為他們很快就知道手往上揚，就是旋律將要在下一個音符變高，往下就代表音高要降低了。身為一名專任教

師，如果你有完整時間來奉獻給音樂，可以給每一位孩子一本工作筆記本，請他們將你所教導的歌曲畫出圖畫。他們的圖畫可以全然地自由，有些孩子會選擇某首歌曲所講述的某個故事片段，有些則選擇其他的。這樣能確保每一次上課會有個安靜的結束，孩子們也會喜歡擁有這種將所學的歌曲畫出的紀錄。

體驗聽見的聲音

我們一定要善用想像力在低年級的階段將歌曲和聽力練習介紹給孩子們。老師所帶出來的圖像和動作，必須能激發孩子去模仿老師唱歌的方式。因為聲音的體驗是歌唱中很重要的一部份，所以你可以藉由描述你所聽過的各種美妙聲音，以及你有多麼想要再聆聽一次的感受來開始。問問孩子他們的聽力有多好？他們可以聽得到教室外頭的聲音嗎？他們可以聽得到鄰居貓咪的喵喵叫聲嗎？他們可以聽得到小草生長的聲音嗎？他們最喜愛的聲音是什麼？他們可否聽出你帶入教室的聲音，是來自天上的星星嗎？要孩子們為你唱一首主課老師教給他們的歌。他們可否唱得如此輕柔，讓那一天你見到某隻驚嚇的小老鼠，也能因此而覺得好過一些呢？

　　我樂於在此分享一則我在低年級班上所講述的故事，因為它確實值得提供給其他老師來當作範例。那是一個春天的早晨，我正走過一片新英格蘭的樹林。就在那兒，我遇見一隻躺在一墩老石牆上，正曬著太陽的刺蝟。我不知道為何它沒有聽見我接近～想必牠是下定決心要好好地再多享受一下冬眠的滋味，我自己每天早上都有和牠完全相同的感受，所以我立刻對這隻小動物起了同理心。我站住不動，深恐牠一旦發現我這個入侵者，會急忙找個掩蔽處躲藏起來，那麼我將會失去和這野生動物如此親密的片刻（這或許有點一廂情願）。該怎麼辦呢？親愛的讀者，我就唱起歌了。一開始非常輕柔的聲音，越靠近牠時就變大聲了些，我高興地看到這刺蝟緩緩地起身，很滿足地四處看了一會。然後，牠直視著我，接著伸了個懶腰，蹣跚緩步的走入了樹林。（我或許選錯了歌曲。但我可能是唯一的那人，帶著科學上的確信，足以宣稱刺蝟並不怎麼喜歡奇異恩典 *Amazing Grace* 這首歌。）不管如何，藉著這個故事我想要帶給班上的是～聲音的品質其實就是自然界的一部份，就如同鳥兒的鳴唱一樣。像這樣的一個小軼事就可以帶領出一個吟唱的音或是一個簡單的音型，讓全班去模仿做為初

次的唱歌練習。

　　所有這些活動可以當作一整節音樂課的一部份，這在一年級或二年級一堂四十分鐘的音樂課程裡算是必須的一個部份。讓孩子唱足整整四十分鐘絕對會變成一種災難，因為音樂對年幼的孩子來說是一種呼出的效果；而故事或是作工作本則能幫助孩子自持並在一段歌唱練習之後提供一種「吸入」的效果。如果歌唱伴隨著笛子，吹奏笛子需要專注在精細動作的技巧上，當然也能提供吸入的作用。

二年級

　　華德福課程裡注重聖哲故事、寓言和傳奇故事的價值，而這也為音樂課提供了豐富的旋律與歌詞來源。許多古老的蓋爾語歌曲，有著我們先前提過適合年幼孩子的音樂調式，也就是五音音階，它們能夠優美地和二年級的授課內容配合無間。這本牛津輪唱集 *Oxford Book of Rounds* 記錄一些小曲子，是一本好的資料來源，就算某些較為低俗的輪唱也有著好聽易學的曲調，你可以將歌詞做點修改。當然在一、二年級，甚或三年級的大部份時間，孩子們是以齊唱來唱出歌曲。在低年級時期以這些簡單的輪唱曲作為教學內容，當孩子們大一點時，發現之前所學的歌曲有許多都能以輪唱的方式唱歌時，這將帶給全班一種歡悅的驚喜！

第一次的節奏練習

　　我通常從二年級開始會在歌曲裡打拍子，在沒有給予太多解釋的情況下，讓全班經驗到拍子的節奏。再來就是以模仿的方式進行各種拍手練習。數個月後，我們可以介紹如何紀錄節奏的方法。我自己發展出一種方

式，我運用一系列形容大自然聲音的字，並以此來描述節奏。在講完一個簡單的故事之後～這或許是我往學校的途中所看到的景色，太陽乍然出現，卻又隱身於一片雨雲之後，我在黑板上畫下幾個圖案，然後請班上孩子告訴我，他們看到了什麼。我使用下方的這些字，並沒有告訴他們每個字所代表的拍子長度，不過為了清楚起見，在此我會寫下：「日（四分音符）」、「雨滴（一對八分音符）」、「淅瀝嘩啦（四個十六分音符濺入水窪裡」，還有毛茛花是三連音。如果老師在黑板上畫出這些簡單的圖畫，以各種穩定的節拍指著不同的圖，孩子們會一次又一次地重複念誦。你可以改變圖形的順序，有著不同的組合，這樣你就達成了孩子的節拍初體驗！我建議這種介紹可以進行到二年級的期末，就當作有趣的事來做。到了三年級會進行地更深入些。（請見歌唱練習 1）

Sun, Sun, raindrop, Sun, raindrop, Sun, raindrop, sun.

低年級的歌唱練習

二年級的孩子喜歡挑戰，可以帶入一些歌唱練習。

我的班級特別喜愛這一項練習我們稱之為「聲音的彩帶」。首先老師帶領出一個圖像，在頭頂上美麗的藍色芎蒼，有一個音從天空中飄降下來，像是一條彩帶一般，以最輕柔最純淨的聲音唱著，讓它從上方緩降，越來越靠近身後。這聲音逐漸增強，直到整間教室都鳴響著這個音，然後它慢慢轉弱，漂浮回到天空，整個教室又一次回到寧靜。接下來孩子們就被邀請加入老師的鳴唱，讓他們去想像聲音從上方和後方而來，但同時不能超過彩帶的寬度。這時我們就可以調整孩子們的音和音高，讓聲音越來越能有著一致的質感。在更高的年級你可以繼續使用這個方式，並加入一個或更多的音達到和聲，以同樣的練習上加上一點變化就可以練習各種音程了。你可以說這是一條以金絲和銀絲，或是日光和月光編織而成的髮辮。

圖像形式的音樂記號

在二年級，我們持續運用手的姿勢來表示曲子的旋律；在真正對孩子說明我做的事隱藏著什麼「秘密」之前，我先用數月的時間來介紹某一首特定的曲子。 能夠以一首關於山坡的歌來做這種介紹是很不錯的，因為

哪天當你站在班級前面，以你的手在描述旋律時，孩子們很清楚地知道你就在做出這首歌的圖畫！在黑板上以粉筆畫下，歌詞裡的山峰視覺性地躍然呈現在孩子面前。一旦妳以這種方式完成一首歌，孩子們將會想要畫出他們所唱過的曲子，通常也迫不及待地想知道每一首新的曲子「長什麼樣兒」。大約到了學年的中段，我們就可以再進一步了。 我還是使用第一首畫出來的歌曲，裏頭是關於一匹疲倦的小馬上上下下走山坡的故事；現在我描述山坡是多麼的滑溜，因為在回家的路上竟下起雨來了。可憐的小馬一路上只有踩在堅硬的石頭上時，才感到安全。我在這條路上畫了一些石頭，其中有個框上粗邊的特大石頭，它是全音符，因為只有這個地方有足夠的空間，讓小馬可以停下來歇息一會兒。接著我們再唱一次這首歌，孩子們可以看到在歌曲裡，旋律的確會在那一個節點上，停下歇息。這樣子的想像，對孩子來說是很有道理的。

書末可以找到這幅圖畫的音樂。（歌唱練習 2）

　　有個有趣的發現值得在此一提。近來主流科學的研究提到人類的腦部楔前葉（*precuneus*）「理解」音樂的方式，它在區辨不同音高時是活躍的，這和大腦解讀視覺意象的方式是相同的。（註 10 ）將「*C*」等同於「高」這樣的直覺感受，與人用視覺、空間感來表示位置時的姿態是相關聯的。也就是說，它的「高聳入雲」和教堂尖塔的「高聳入雲」是相同方式的。對低年級的孩子來說，將旋律以視覺性的方式來解讀是相當自然的發展，只要在圖像上的運用能具想像力並適合他們的年紀就好。

　　有時候在你某一個班級裡頭，會有幾個孩子已經熟悉一般的音樂記號。他們對於能夠在班上說出「我知道那是什麼！它是個全音符！」這樣的事樂在其中。這些有上私人音樂課程的孩子顯然得意於他們知道的比班上其他同學多。你務必要注意到這點，並以簡短且不繁複的方式，在全班面前顯示出正確的音樂符號看起來像什麼。重要的是別把這事弄得太神秘了。依我的經驗，全班會非常快樂地回過頭去用更有想像力的方式和圖畫工作。

　　在二年級要結束之際，我開始在每節課的開頭介紹

全音音階來做為一種歌唱的練習。這就是一般的大調音階，其唱名為大家熟知：*do, re, mi, fa, sol, la, ti, do*。

一些音樂性的遊戲

這年紀的孩子有一個特別喜愛的遊戲，是和姿勢有關，也就是以手勢來模擬旋律的高與低，到這個階段孩子們已經非常熟悉這個遊戲了。一個孩子被選出來到教室外面，然後班上其餘的孩子與老師挑出一首全班都很熟稔的曲子。教室外的孩子進來了，全班安靜地以手勢比出高高低低的音高來「唱出」這首歌。當然重要的是，孩子們所比的手勢必須要正確；老師可以站在這被選出來的孩子背後「指揮」那個樂章讓全班的孩子可以模仿。當這孩子正確辨識出曲調，他或她就可以挑選下一位到教室外面去的孩子。同樣地也可以用手拍出歌曲的節奏，用拍手的方式來玩。

班上就這樣同時地學習越來越多全然開展的旋律與歌曲。另外在主課程的語文藝術區段中，經常會有伴隨著故事一起出現的五音歌曲，有它們搭襯總顯得異常美好，老師千萬別羞報於寫下自己的歌，特別是這些歌也可以當成直笛吹奏練習的素材。只要有勇氣，就能輕易

做到，因為這一開始只需用到五音笛能吹出的五音音域範圍就好。試著先選一首你喜愛的詩文，或寫下適合班上程度的一首詩，然後就任由你的手指在五音木笛上游走直到你發現一段適切又好聽的旋律出現為止。在你遺忘它之前，得要趕緊將它寫下來！（再一次的，這可是我的經驗之談。我不知已經遺失了多少可愛又好聽的歌曲，只因當時是在清醒之際，我以為自己可以輕易的記得這些為第二天的課程所準備的歌。）首先特別重要的是要像歌曲一般地教導班上孩子直笛音樂，讓孩子先以歌曲的方式學習，這樣他們就能將吹直笛時手指頭的移動位置和他們已經經驗過像一首歌曲旋律的上升下降連結一起。

在二年級的期末，常見到老師會有想要介紹輪唱給孩子們的衝動。有那麼多美妙的輪唱歌曲（孩子們早已經以齊唱的方式熟悉了這些歌曲），等著讓孩子們來發現！但即使你的班級是「音樂性早熟」型，我還是建議不要這麼做。要孩子們固守於一個聲部來和他們自己的同學對抗，這是個極大的勉強與張力。就算是你自己一人唱第二部，和整班做輪唱，大部份的孩子會全然專注於自己在唱的部份，而無法聽到和聲所呈現的美。當你

看見許多孩子會閃避性地以手指頭塞住耳朵來唱歌，以免聽到其他不同的歌聲讓自己偏離了軌道，這足以向你說明，這時候帶入輪唱，是太早了些！

註 釋

10. 探索雜誌(*Discover Magazine*)，「**神經系統的交響樂團 *The Neural Orchestra*** 」, *Josie Glausiusz, BrainWatch*，1997 年九月。

三年級

大三度音程與小三度音程

…若我們真的想要觸及孩子，對他在音樂理解性的培育上必須要從五音的了解開始。這是非常重要的要點。接下來我們讓孩子認識大調和小調的調式並且透過這樣的連結，提供孩子對三度音的一種概括賞析，如此在孩子經歷九歲開始提出重要的問題之際，我們所給予的就能帶給孩子極大的裨益。這些問題以一種迫切的方式表達出孩子所需要的是與大三度和小三度音程共存。這種現象出現在九歲和十歲左右，必須要給予特別的鼓勵。（註 11）

　　這是孩子們開始接觸全音直笛的一年，也是孩子全然體驗大三度和小三度音程的一年。在孩子的發展進程中，這將是一個巨大的關卡。許多著作和演講文集裡，會以教學上的角度提及「九歲的變化」；同時在兒童研究的許多論文中，這也是一個常被探討的主題。要去強調「九歲的變化」在教學上的研討已然超過此本小書的範圍。然而在此我們必須強調的是，這個年紀孩子會在音樂上跨出重要的一步，這是他們出了伊甸園之後，非

常重要的一個樞紐。在早些的年級裡，孩子仍然以在夢中的方式進入音樂，理想的音樂多少停留在不對焦和「漂浮著」，你帶給他們的歌曲內容充滿著想像與圖畫。這些仍然適用，但現在我們可以開始強調三度音程（ *do-mi* ）。

　　史代納描述大一點的四度音程和五度音程（ 分別就是 *do-fa* 和 *do-sol* ）為一種在身體之外的經驗，沒有全然地入世；這也是為何他強烈建議這些音程很適合幼小的孩童。到了九歲意識改變的年紀，孩子第一次經驗到自己是獨自一人處在身體裡，還有那伴隨的調皮、神奇和哀傷。讓他們初次有意識地經驗小調歌曲的時機，最好是等到第一個舊約聖經主課程結束以後，理由可說是顯而易見的。透過大調三度和小調三度的體驗，它陪伴孩子度過那種從天堂被驅逐的感受，引導孩子進入一種內在的流動性，放心在內和在外的狀態下都能找得到家。這就是三年級音樂課程的本質與精粹。史代納對教師和優律思美師的演講，**人類的樂音體驗 *The Human Being's Experience of Tone***，提到這個九歲的改變，將人類靈性發展視為一個整體的參考。請容我來一點比較理論性的探索，在此我引用最有相關的論述如下：

　　為何我們現在要體驗三度音程呢？... 在之前五度

調式的體驗裡，人們已然傾向於這麼說：在我裡面的天使正逐漸變成一個音樂家；沉思在我內說話。這還沒到能確切地說出：我唱歌。要等到體驗了三度音程以後才有可能如是說，當三度音程發生時人可以開始體驗到他自己就是唱歌的人。…在五度調式的那段時期，大調和小調是不具意義的。人們甚至還無法談論到這些。大調和小調是如此鮮明地和人類的主觀性及真實內在生命的感受相結合，只要和身體存在緊緊相繫，最早出現在第四紀元後亞特蘭提斯時期，也和三度音程的體驗有所關聯。（註 12）

有趣且值得一提的是，在史代納時而提及的遠古靈性歷史中，當時所經驗的並不是我們現今壓縮成一個八度音域裡的各種音程。我們所謂的「五度音調式 mood of the fifth」，在久遠的年代當時，實際體驗到的是不小於五度音的音程！也就是說如果我們真的嘗試來複製那種經驗的話，需要和我們現有非常不同的樂器才行（可以嘗試這個有趣的計畫）。由於我們大多已被約一個半的八度音域範圍所局限，這樣會限制我們只能唱四個音符而已！史代納描述了在久遠的列木里亞 Lemurian 時期，當時經歷到的是宇宙性三度音「Cosmic third」。（這

是人類第一次的經驗，而從西方的音樂發展歷程上，文藝復興時期中出現三度音的和聲，就是一種概括再製。）他稱呼這種遠古時期的三度音程的體驗，為一種「客觀性」的三度。也就是，一個八度音程裡的 C 音和高上兩個八度音程裡的 E 音（C-E）。

因為遠古時代的人們能夠直接經驗到音程，以我們現代的話語來說就是在某一個八度音程裡的音，第二個就是在下一個八度音程裡，第三個就是在第三個八度音程，他能夠感知到一種客觀性的大調和小調；這不是在他自己內在裡體驗大調與小調，而是表達出眾神在祂們的心魂裡所感受的大調與小調。…我們無法以一些像是喜悅和哀傷，狂喜和憂鬱等詞來描述在列木里亞時期，人們所體驗到的；我們必須要說在那個時期，透過這種獨特的音樂感知，人可以相當程度地處在自身之外來感知這些音程，他體會到眾神那宇宙性的至樂和那宇宙性的哀嘆。我們可以回顧地球的那段時期，我們現在所經歷到的大調與小調在過去當時人類如實地體驗照原樣地被投射到宇宙中。現在流經我們的感受與情緒在當時的人是以在身體之外的方式感知著，如同宇宙裡的眾神所體驗到的。我們必須辨識我們現今大調的內在體

驗，在當時是在人的身體之外體會到那宇宙性的歡慶，
那是眾神的宇宙音樂，在祂們所創造的世界裡的歡呼。
我們現今所知道的「小三度」在列木里亞時期的體驗
是祂們當時經歷聖經中所描述超過可能性的人類墮落，
人類從神聖的靈性力量中墜落、遠離善的力量時眾神的
極大哀歌。（註 13）

因此，對於九歲孩童而言，介紹小調的歌曲可說是一
個重要的門檻；正好符合舊約聖經裡關於伊甸園的故事。

在 *Lea van der Pals* 所著**人類就是音樂 *The Human
Being as Music*** 一書中，她是如此描述大調和小調：

人類創造出音符的來源無他，不外乎來自歡悅或來
自苦痛。你會因經歷著歡愉而將自己從內在汲引出來，
在心魂流淌之際送出了音符為的是要讓這一刻停留～
這就是大調，向外擴的聲音；或者你覺得自己被痛苦所
壓制，努力尋求著讓受折磨的心魂找到一條出路～那就
是小調，從痛苦中突破尋找壓力的釋放。（註 14）

曾經有這麼一次的經驗，我和一位有著嚴重殘疾的
女士一起彈奏音樂。她像是歇斯底里般完全地陷於自身
憐憫的環境裡，而她對這些刺激的反應是狂烈且立即性
的。當時在房裡有一把豎琴，我坐下來為她彈奏一些和

弦以及音程。當她聽到各種開放的五度音程（沒有三度音）以及四度音程，*Louis* 沉靜下來面露期待，給我一個立即的評論。「我喜歡這個！ 這真好！」當我開始彈出大三度和弦（*do, mi, sol*），她開始笑了！ 只要我彈大調的和弦時，她就是興高采烈，幾乎要從椅子上彈起來，滿室跳舞。而當小調的韻律揚起時則帶來瞬間的靜止。*Louis* 在數秒間雙眼含淚，她是如此地沮喪以至於有傷害自己的危險。「我不喜歡這個！我不快樂！ 這讓我悲傷！」深深的嗚咽擊垮了她。我心驚之餘，立即回到一開始所彈奏的開放音程，她也回復了平靜的風度。

　　Louis 在病理診斷上對這些音程敏感。她遭受立即性的心魂轉變，完完全全受制於掌控她心魂的音樂力量。但孩子們對我們所給予的任何音樂是天生敏感。

班上的第一次呈現

　　我喜歡讓孩子告訴我當他們聽到小調三度時的感受為何，就像 Louis 那樣自然地表達，並藉此來介紹小三度給三年級。他們的反應總是讓我敬畏。通常這介紹的時機就落在米迦勒節 *Michaelmas* 的前後。我運用一首優

美的法國輪唱曲，並配上米迦勒節的詩文。「孩子們，我來唱一首我們將要學習的新歌。它和我們曾經唱過的大部份歌曲不太一樣。我要大家仔細聽，如果你可以的話，告訴我它是怎麼樣的不同。」然後我盡我所能地將這首歌唱得優美。有時候孩子們會要求再聽一次。接下來我問他們「當你在聆聽的時候有什麼樣的感受呢？」得到的答案是「感覺我們像星星一樣獨自漂浮著。」一兩個孩子會說這聽起來悲傷，但通常在班上會有某個孩子能更具體地說：「不是悲傷，真的，倒是嚴肅一些，像在教堂裡面。」一個孩子說「這感覺像是你在對著某個已經離開好遠的人唱著歌，但你無法接觸到他們。這是寂寞的。」另一個孩子感覺這旋律「來自星星」。

我接著教他們大調和小調這兩個名詞，同時告訴他們這首曲子是小調。我並未向他們解釋小調音階的機械規則，僅順便給孩子們一種體驗，其餘的就等到四年級時再說吧。我發現不用多久，全班就發展出一種能力可以立即辨識出隨後學習的歌曲何者是大調或是小調。你可以指出，或更好是讓孩子自己去發現，如何感覺出小三度的封閉、較小；還有大三度那種充滿著信心與明快感。稍後在你描述大調和小調時，可以顯現給全班聽，

若以小調的方式來唱一些他們已很熟悉的歌曲，聽起來會是如何的光景。「*Row, Row, Row your Boat*」就是個好例子。如此轉到小調帶來了以下的覺察「當時一定在下雨。」「我打賭他們正往上游划。」「聽起來他們似乎不想去！」全班對此樂在其中，他們聽到熟悉的快樂歌曲用小三度取代大三度來唱時，也總是覺得趣味無窮。

　　還有一個關於這音樂門檻的實證例子可以在此提出。我們學校裡偶而有音樂會，來訪的音樂家為我們演奏，以及我們受邀代表學校去參加城裡舉辦的兒童音樂會，在這些場合中我一再地注意到這一件事。表演的曲目通常是古典樂，最終目的在於讓孩子們多多熟悉交響樂團的曲目。也因這些音樂聚會是為孩子舉辦的，通常選擇的曲目以大調為主。孩子們專注地坐著，快樂地聆聽所有樂器合奏的聲音。不過為了多樣性而選擇演奏一首小調的曲子時，聽眾群中的幼小孩童幾乎立刻就開始浮動了起來。這並不是調皮搗蛋，因為就算是非常乖巧的孩子也會不耐地扭來動去，必須加以管束才行。在經過許多次的觀察以後，我了解到那是因為對於還沒有跨過「九歲的改變」的孩子們而言，他們不知該要將這種

小三度的體驗「擺放」到哪兒去才好。這種音樂就只是還未吸引他們，孩子們的內在生命無法擁護這樣的體驗。

每堂課的開始 / 唱歌練習

隨著這一學年的進展，從現在開始每一堂歌唱課開始前 10-15 分鐘可以作歌唱練習。可以唱唱大調的音階。我讓我的班上唱上下一個音階（例如 *do re do*），然後唱八度音，從「*do*」到「*do*」依次唱出大調琶音 *arpeggio*（例如 *C* 大調琶音 *do mi so* 到高音 *do*）。我們一次又一次地反覆唱著，每一回以半音的高度往上爬，一直唱到我們能及的最高音為止。接下來我們依次以琶音「往下爬」，一次比前一次的音再低些，一直低到能在第一個八度音加上第二個八度音為止。（請見附錄 A，練習 3）。

如果你是在三年級的時候加進這樣的正式練習，而在之前並沒有如此做過，孩子們並不熟悉，那麼一開始他們有可能因為要唱到那麼高的高音而被逗樂了。對不習慣此法的孩子來說，這會引發一些眩暈感。不過大約一個月之後，他們就會相當習慣練習他們所有的音

域，所以別太過在意一開始你所聽到的咯咯竊笑。不是所有人的聲音都能立刻擴展到最高的音。重要的是要告訴孩子們，當音太高時該要怎麼做。他們可以只是張開嘴巴來唱，如果沒有聲音也沒關係。要嚴肅地警告他們不要以任何方式繃緊喉嚨或拉扯喉嚨。示範給他們看當這麼做的時候，*看起來像*是什麼模樣，於是他們就會放鬆肩膀和喉嚨。我說*看起來像*，因為我曾經發生過為了班上而故意用錯誤的方式唱歌的慘痛經驗。我給了孩子們一個非常戲劇性的示範讓他們看看這會造成什麼樣的傷害，因此我接下來好幾天聲音都沒了！正確地唱高音總是能夠以圖像的方式來描述；我以一根羽毛從鳥巢上飄落下來的圖像來形容。羽毛下方突然起了一股氣流毫不費力地立刻揚起羽毛。同樣地也可以用手來繪製這樣的姿態。那就是聲音如何以不費力、輕盈的方式往上升高。如果沒能發出聲音，也是沒有關係的。一旦孩子們能夠放鬆，他們音域就會往上增加。尤其是某些男孩子一定要經常地被鼓勵去唱出女高音的音域。讓他們知道一些知名的男孩合唱團，以及他們要如何盡可能試著去保有他們的最高音域愈久愈好。有些幸運者甚至能在成年後繼續唱女高音和低音的音域。

在某些班級裡我曾有過一或兩個男孩，他們的聲音天生就沒有高音的部份。起初我認為他們的高音存在某處，但就算是給予個別的指導，我還是沒能幫助他們找到高音。這有可能是因為下墜到物質主義的情況越演越烈，甚至在童年時期，孩子的聲音就已經太沉重了（請見附錄 B 給孩子的個別指導）。就讓這樣的孩子以低八度的音來唱歌，不要讓他的同學評論或過多的關注。另外在發展低音這方面，我不會帶孩子唱低於中央 C 的練習，會等到四年級或甚至到五年級再來發展。在唱低音時，一定要警告孩子去注意喉嚨的溫暖感，那是一種壓力的警示。當孩子們有這種感覺時，他們可以立即停止唱歌。

最好能給音樂課一個確定的形式。我以一首詩文做為課堂的開始。當我還是個新手教師，正匆忙走過校園準備要進入四年級教室上我的第一堂音樂課時，這一首詩文湧入了腦海。「喔！」我突然想到「我該用一首詩文來開始我的課！」某個好天使（很幸運地，新手教師常常會有這種經驗）就在我踏入教室之際，插手給了我這一首詩，而我也就沿用至今。我將它提供出來僅作為

一個範例。最好的詩文就是從自身引發出來的那一首：

　　　　鳥兒們唱歌我們也唱

　　　　在我們歡喜地歌唱時

　　　　我們送出感謝給上天

　　　　感謝～

　　　　我們可以與祂的樂音同在

The birds do sing and so do we

When we make music merrily.

Our thanks to God, then we must give

That with his music we may live.

　　再來我們就直接進入音階和其他的練習，這成了每一堂課自動進行的部份。一旦音階正在進行，有一個非常好的練習可以帶來極大的助益。現在孩子已經知道大三度和小三度，老師可以開始在唱歌的時候說出這些音程的名稱。我利用一段階梯的圖像和參考孩子們都會玩的一個遊戲～他們輪流跳下每一個音階，每一回依序地升高一些音（見練習 2）。我在黑板上畫了階梯，寫出每個音程的名稱。往後在五年級時，我們還可以加入「隱藏的」音程、小五度、小六度、小七度，當作這個練習的一部份。我的音樂班級從三年級開始到五年級，每一堂課都進行這樣的練習。現在孩子們在合唱團裡的發聲

極佳，主要歸功於此項練習。

各種練習應該要有趣味，如果它們是以適當的方式被介紹出來，孩子們就會有意願地遵循。沒有人可以不做任何暖身動作，就去跑步或游泳一英里的。在這兒也是如此，只是我們使用的是聲音。我們一起調準我們樂器的音。有創意地練習；有好幾百種的變化！音高和節奏、當然還有練習優美的聲音表現～這些在音樂裡都有它們的位置，而我也會在進入歌曲教唱之前，毫不遲疑地花十五分鐘來做這些練習。

初次介紹五線譜和音樂記譜法

在下學期時我會介紹譜表、高音譜號，孩子們非常喜愛學著畫出高音譜號（「哇！你是怎麼做到的？」這通常是他們第一次看到畫出高音譜號的反應）、還有音名。這有許多教導的方法。有些老師喜歡使用鳥兒站在電線上的圖像，或是賦予每一個譜表上的音符，有著不同個性和名字。也可以運用班上特定孩子的名字來辨識音符的位置。在音樂教學這個科目上，史代納說了這番話：

正好與我們的社交生活相關，音樂的培育將是

最重要的，以一種初步的方式直接從音樂的事實來教導孩童，不需要任何令人困惑的理論。孩子藉著基本的實例應用、透過耳朵來分析旋律與和聲，得到基本的音樂、和聲、旋律等等清楚的概念；我們如同音樂一樣的方式建立所有的藝術領域，當我們在雕塑的、繪畫的領域裡，我們一樣從細節開始建構。容我提醒你，這將有助於緩和在音樂裡業餘不專業這個部份；業餘的藝術愛好者的確在社群的社交生活中提供了某種目的的服務，這點是不可否認的。沒有它我們應該無法進展得特別好。但這應該只限於聽眾而已。若能夠達成這一點，那麼表演音樂者和製作音樂者將可能在整個社會秩序中找到他們適當的認同。因為我們不該忘記在雕塑、繪畫的領域裡的每一件事物，都朝向人類個體化而作用；相對地音樂性、詩歌性助長我們的社交生活…。雕塑、繪畫的元素較能支持個體性（individuality）；而社會則比較是藉由音樂與詩歌在社群中生活和交織來支持的。（註15）

　　以這個引言作為指南，我認為不用太多的故事或費勁的介紹，直接進行記譜法的教學是有可能的。一路以

來，老師已經藉著各種方式來示範歌曲給孩子們，利用手勢來辨識音高、以及為孩子們在黑板上畫出旋律，讓他們看到音樂性的線條；孩子們從中得以練習，當他們傾向於如此做時，孩子們可以運用他們的想像力來形構他們的圖畫。如果孩子們在低年級時已經透過自己的圖像和繪畫，體驗過音樂性的線條時，那他們對於旋律看起來會是什麼樣子已有了絕佳的認知。我覺得這時若將音符區開來看待，將會危害到旋律的整體性與流動感。因此，我讓全班唱出一個上升音階。我提醒他們過去畫過的旋律圖像。這往上的音階看起來會像是什麼呢？一座山？或僅僅是一條往上的曲線？然後我謹慎地在黑板上畫出一個五線譜，在其上標記出 C 大調音階的音符，向孩子們解釋這五線譜就像是一個框架，或像是個曬衣繩，作用就是要顯示出不同音符的位置在哪兒。這也提供了一個機會，來介紹出中央 C 這個特別的音；它甚至還擁有自己獨一的短線，就只出現在 C 這個位置！接下來可以進行的是，把孩子記得的在低年級學過的一些非常簡單的歌曲，此時在黑板上將這些音呈現出來。

這是我個人的觀察，將音符當作個別的音高來呈現，用直笛是最好的方式。而在唱歌時，音符在旋律中

是一個整體，可以體驗它在樂譜中上升下降地穿梭。畢竟，我們都能以任何的音高來唱出一段旋律，就算是寫下的曲譜亦是如此。對於音程的上升與下降、拍子記號與節奏、以及後來的調性記號的認知在學習視譜上是有幫助的。當我們已經介紹了譜表與記譜法，它可以被用在直笛課程和歌唱課程中，一開始以簡單的節奏練習專注在一或兩個音符即可。

節奏練習

在三年級，理當延續前幾年所做的節奏練習。要注意皆以一種純然音樂性的角度來運作這些練習。我們還是使用太陽、雨滴等等的圖畫和文字，我們可以開始用這些節奏來建構輪唱。全班還是會很喜歡說出文字，但是現在我們開始不說出字，以拍手或輕敲來取代原來要說出的字。剛開始緩慢地進行這個指示，可以允許孩子們低聲唱「歌詞」。可以很快地將兩部或三部的輪唱寫在黑板上，每一個聲部僅僅三或四小節，每一小節三拍或四拍。這些可以即席在課堂上完成，因為沒有和聲，所以不會有唱錯音符的可能！到了三年級下學期，我會以飛快的速度來畫出圖形，幾乎是以一種「速記」的方

式。等到三年級期末時，才要他們畫出節奏本身的音符記譜。我們可以這樣子說明，就以「雨滴」來做個例子，因為它們是如此細小且舞動快速，就像是小小孩兒，所以當它們從雲端降落時必須手牽著手。看這兒就是它們小手兒連結的地方，就在音符桿的上面。但有時候也會只有一個獨自出現的。當出現時，你就會看到它那小小的手臂，就在那兒，提醒我們它也是雨滴的一部分。我並沒有將這些節奏寫在五線譜上，但如果你想要的話，也可以寫在單線上。就這樣，整個班級從標的譜表音符的旋律位置分開來進行節奏的了解。我們會在四年級將此兩種方式一併帶入，屆時全班對這兩種方式都感到自在。

三年級的和聲

　　許多音樂老師喜歡等到四年級時，再介紹輪唱給孩子們認識。因此我將史代納博士對於和聲的指示，放進下一個章節的內容。然而你還是可以在三年級下學期過半以後，開始加入輪唱。最簡單的方法就是老師一人作為第二聲部，和全班一起輪唱；這樣一來，孩子們還是在一個整體裡齊唱，但卻可以體驗和聲。或許會有幾個擁有穩當音樂性的孩子，熱切地想要加入妳的聲部一起

唱。有許多簡單的旋律都適合以這種輪唱方式進行到學年的結束，當然前提是，這個班級是否已準備好了。倘若妳的目的是要給孩子們一些挑戰，那麼輪唱會是一個好法子。如果妳主要的目的是想給孩子們一個和聲的經驗，那麼這兒有個更好的方法。我時常唱我已經教唱過的歌曲第二聲部，一旦他們真正穩當地唱出之後。這樣他們就能聽到純粹的旋律彼此交織的和聲；沒有大部份輪唱時會發生的在同一首歌，不同段落的歌詞糾葛的聲音。

註 釋

11. 魯道夫・史代納　**人類的樂音經驗** *The Human Being's Experience of Tone* 此文納入下列演講文集 神秘智慧光照下的藝術 Art in the Light of Mystery Wisdom 127 頁

12. 魯道夫・史代納　**神秘智慧光照下的藝術** *Art in the Light of Mystery Wisdom*（倫敦：魯道夫史代納出版社，1970 年）118 頁。

13. 魯道夫・史代納　**神秘智慧光照下的藝術** *Art in the*

Light of Mystery Wisdom（倫敦：魯道夫史代納出版社，1970 年)164 頁。

14. *Lea van der Pals* **人類就是音樂** *The Human Being as Music* (*Stourbridge*, 英國：*The Robinswoods Press*, 1992 年)，29 頁。

15. 魯道夫‧史代納 **實用教學指引** *Practical Advice to Teachers*（倫敦，魯道夫‧史代納出版社，1976年），49 頁。

四年級

當孩子初入學時，對旋律的理解比對和聲的理解更容易些，這一點現在變得能理解了。當然，你絕對不要將它視為一成不變；刻板在藝術的領域裡絕無一席之地。我們可以介紹給孩子所有種類的事物，這是無庸贅言的。就像孩子在入學開始幾年，應該只領會五度音程～最多再給予四度音程，但不要給予三度音；孩子只在九歲以後才開始在內心裡體會三度音，我們也可以這麼說，孩子很容易就理解旋律（melody）的元素，但對於和聲（harmony）元素的了解可就要等到九歲或十歲。很自然地，孩子已經能了解音（tone），但是要培育孩子了解內在和聲的實際元素，只有到達上述的年紀才成。在另一方面，節奏的元素有著最大變化的形式。當孩子還很小的時候，他就能領會某些特定的內在節奏。不過，除了這個本能性地節奏體驗之外，還是等到孩子九歲以後再給予節奏上的體會練習，例如說，在器樂的元素中。只有到這個年紀，才讓孩子的注意力放在這些事情上面。在音樂的領域裡，同樣地，年齡的高低也顯示出該要做的事情會有所不同。這些年齡層級大致上和

在華德福教育裡所提的大略相同。（註 16）

魯道夫‧史代納　**音樂的內在天性與音調的經驗**
The Inner Nature of Music and the Experience of Tone

四年級孩子在吹奏直笛和唱歌時，開始熱切地學習著視譜。我建議這些較進階的視譜練習在歌唱課時進行，純粹地因為我們的聲音要比我們的手來的有智慧、有彈性多了；不需要額外去應付手指和位置的複雜度。如果你本身就是歌唱老師，那在你的班上進行是理所當然的。（班級主帶老師可以很容易地和自己班上一起進行直笛吹奏，跟著孩子們一起學習，有必要的話，必須保持在孩子們前頭的水準。如果班級老師同時又身兼直笛老師，那麼需要結合唱歌和直笛，我建議課堂中要先從直笛和唱歌課程段落區分出來教導視譜。）我以實事求是的態度奉行史代納對音樂教學上的指示，在四年級開始介紹基本的樂理，一路繼續到五年級。在我目前任教的學校，孩子們會在接下來的國中階段加入合唱團，或加入其他不同的器樂團體。所以四年級和五年級可說是孩子能在個別班級學習調號和拍子記號基本原理的最後機會，孩子們在未來高年級年段中將會用到這些。在

其他的學校裡，全班繼續在一起練習器樂會久些，你可以將某些我即將提到的內容延遲一年實施。

排課進度的提醒

　　以下的建議或許會成為教務主任排總課表時的頭痛問題，因為它對主要課程多了一個約束；但因其非凡的價值已被證明，所以我還是高度的推薦。在四、五年級，可以安排歌唱老師每一週分別在四年級和五年級的班上各有一節課。再則第三節課則安排四、五年級一起上課（最好能安排在每一週的末尾，但不是非要如此不可）。這樣可以讓老師有一個夠大的班級來帶唱每一個聲部都夠強大。孩子們在這一年的課程裡學習適當的合唱團禮儀，其中最重要的要素是當老師專注於某一聲部時，其他孩子能學會安靜地傾聽。對五年級孩子來說，這樣的課程已經是少年合唱團的第二年了，他們大多已能輕易地唱出較低的第二聲部；而對四年級的孩子一切都還是相當新的體驗，可以讓他們唱較容易的高音部，在每週個別班級的音樂課裡，可以就此好好練習。這樣的安排給了孩子豐盛的收穫，對其日後在高年級合唱團和高中合唱團，產生了極大的助益！每一週，少年合唱團都以

相同的方式開啟課程的學習：詩文朗讀、然後歌唱練習。當然可以教導整個團體一些新的題材，隨著時光的推演，也應該如此；但這樣的練習能夠讓全班在這一年很早就可以唱三部合唱，更困難複雜的音樂也能夠越來越快速地上手。在這同時，樂理的教導也能以適合的進度在個別的班上進行。

四年級的新練習

所有在三年級所提過的練習，在這一個學年繼續不輟，老師可以自在地創作開場的練習。孩子們已很熟稔這些開場的音樂練習，他們很喜歡這些練習，也會常常指名要求做某一個最喜愛的練習。在此書的篇末，我會附上幾個適合這年紀的新練習及其指示。

音階

每一節課的開頭，我們繼續練唱音階以及琶音，緊接著就是「半 - 音、全 - 音」的練習。這時也要教孩子小調的音階和琶音。全班將發現這些音階很美，也很樂於唱出這些音階。四年級了，你可以開始將音程分隔，唱的時候從這些音階中區隔出來音程，就如同班上

在數學課程裡對乘法表裡的個別元素所做的一樣。我先唱出一個單音，問著：「你可以唱出這一個音的高半音嗎？…半『音』。」就在我的歌詞「半」剛落，全班一起唱出那個高半音，接在歌詞「音」的落點上，回答了我的問題。 現在起另一個音。「從這裡呢？…半『音』。」再來換另一個音～「半『音』。」當全班越來越熟悉這個練習，也越做越好之際，我開始變化成全音、然後是小三度還有大三度。他們通常會需要一些幫助，一開始先從自己畫出音程開始，所以我們會先花一些時間來辨識這些音程。

介紹半音的好時節，就是萬聖節了（*Halloween*）。我用上各式各樣的圖像。「有人曾經進入一個黝黑的房間，但不怎麼確定家具的位置在哪兒的經驗嗎？」當我唱出第一個音程時我踏出一步：「半音。」「踏出通往黑暗地下室的第一步會如何呢？」藉由這些視覺上、體驗性的各種圖像，全班得以一覽半音音階那帶有試驗的、小調的特性。全音的感受截然不同，也應該要一併呈現做為一個對照：「在某個美麗的日子離開家門，如果你打算要騎上自己全新的腳踏車出門的話，那會是甚麼樣的光景呢？」這時候，要求全班往前踏步，口中唱

著「全音！」一種燦爛、光亮的大調特質展現出來。這些音程上的練習，幾乎是全班整個上學期都在做的事。

接下來，類似的圖像也對大三度和小三度有用的。所有的孩子都很清楚大三度那歡悅、明亮的特質，不過要從音階中將之區分出來還是有相當的難度。我運用琶音並告訴他們去想像整個「*do-mi-sol-do*」的範圍，但只唱前面的兩個音就好。然而小三度是如此的不同，第二個的音（半音）也有著同樣試驗性、黑暗的特質。你可以嘗試讓全班站著唱大三度。班上會以一種明快的方式，直挺站立，顯現出大三度開展的特性。現在請他們想像剛從黑暗中醒來。天花板有點低，因此他們不能確定頭頂上有多少空間。如果從床上一躍而起，有可能會撞到頭。假如你成功塑造了這樣的強烈圖像，然後要求孩子們站著唱小三度，他們的姿態會完全顯示出小三度的特性。你一定要不斷地做大調音程和小調音程彼此的對照，為的是讓孩子有能力可以獨立地唱出這些音程。

分部合唱

當然，全班會殷切期待能像高年級的孩子一般，有能力唱分部合唱。我為我的班級彙集了完整的、各種類

型的音樂收藏；輪唱、兩部和三部合唱、有不同分部的樂譜寫在同一個五線譜上的，也有寫在兩個和三個五線譜的、還有多段的歌詞以好幾種方式寫出～一種是將歌詞直接印在線譜下方，或是印在歌曲的末尾。大部份的聖誕音樂是將兩個分部寫在一個五線譜上，就像是鋼琴音樂一樣。雖然我帶少年合唱團並沒有使用鋼琴伴奏，我有些這樣的樂譜，附有鋼琴伴奏的譜。這一整年我們使用不同風格的樂譜，學習去找到並跟上有關聯的分部、歌詞標記、和聲等等。

我教導樂譜的方式大致和教導低年段孩子視譜是一樣的。並非班上的每一個人都能夠跟得上樂譜記號或內容，或者這只是一開始的忙亂現象，但重要的是，要能夠在唱歌的時候眼睛還能繼續看著譜。我真的是這樣告訴班上的，其中最多愁善感的孩子有可能會嘆氣說道，「但是我看不懂音樂啊！」對此可能的唯一回答是，「還沒呢！繼續盯著看，你很快就會了！」看樂譜這部份和我們其他在做的音程辨識、發聲和唱歌練習有著相當大的分別。當然孩子們能快速地記住歌詞與音樂，一開始並不想讓眼睛一直盯著樂譜，所以我們開始要先從音樂中找出一些端倪出來。首先，一定要指導孩子如何

找到方法看懂樂譜。樂曲標題寫在哪裡？作曲者是誰？何時創作的呢？一開頭遇上的這些字是什麼意思呢～「*allegro ma non troppo*」？這些到底是什麼呢？起頭的幾個星期，我們就這樣帶著幽默、生動的態度和許多提點的方式。一段時日過後，你可以對班上來個小小的測試。「我將要唱一首歌。我要大家一面聽，一面看譜，當我停下來的時候，你們就要絲毫不差，指著樂譜上我停頓的地方喔！」

跟上節拍

　　除了高音譜號和（他們立即就會詢問的）低音譜號之外，四年級要學的下一件事，就是拍子記號（*time signature*）。四年級學習分數，如果你告訴他們 1/4 音符（去年所學的「太陽」）就是一個音節裡面的 1/4，當然地他們應該容易理解 4/4 拍。四是最自然的拍子記號，因為它本源於人體的生理學，所以要介紹節奏上的新元素時，最好總是先從 4/4 拍子開始。這一年試著在課堂上找出一些時間，以一些舞蹈上原有的節拍來描述不同拍子記號的特性。示範 3/4 拍子是如何以華爾滋的搖曳姿態移動著；4/4 拍子就像是行軍的隊伍；2/2 拍子就

像時鐘或是心跳的節奏。向孩子們解釋 6/8 拍為何像是
2/2 拍和 3/4 拍的結合。一旦孩子們在四年級的數學課
進展得很好，他們會跟著產生興趣。持續做節奏上的練
習，現在我使用正確的記譜法並且給每一個孩子一份樂
譜來練習自己視譜。一開始他們會覺得困難。團體學習
的力量是非常強的～所有老師的挑戰之一，就是要幫助
每一個個別的孩子能將全班都會的知識牢牢記住。這在
音樂學習的每個層面上，也是真實不虛。當我寫在黑板
上，讓所有孩子一起看著黑板上的練習時，班上每一個
孩子都能夠正確無誤地做到，就算個別被叫起來做練習
也是毫無問題。但當孩子看著自己手上那份練習時，他
們突然像是迷失了一般，就算那是剛剛全班才一起正確
做過的練習也是一樣！（這點總是讓我覺得很驚奇！）
持續努力。問孩子問題來確認他們都有跟得上你，同時
也準備多花些時間帶領那些還無法立即跟上的孩子們。

　　一旦四年級的班上對於節奏記譜已經相當自在了，
就可以介紹八分音符 / 休止符和十六分音符 / 休止符。
我們再回頭利用字的圖像，如果你已經將它丟到腦後的
話，那麼現在「雨滴」會變成「 ＊滴」或是「雨＊」。
十六分音符會像是「淅＊嘩啦」，或是「淅瀝＊啦」。

在直笛吹奏上，以單音做類似的練習也能很快地讓孩子們了解。在吹奏之前要先提一下節奏。以直笛吹奏一首歌或是一段旋律時，要能讓孩子領略的重點是，縱使在五線譜上的音符記號像是高高低低的浮動著，但節奏是容易看出來的，也總是遵循著同樣的法則。要有心理準備接受孩子們對你所犯錯誤的指正。找出一個方法來強調附點四分音符以及它從屬的八分音符或休止符的特性。有時我會用一個腳部疼痛的婦人在走路的圖像來形容，她每一天都拄著拐杖沿著路走著。描述出她的步伐，強調長拍就是「好的」那隻腳。她在路上所留下的足跡，就會是一個清楚明顯的足印，旁邊有著拐杖端的點狀痕跡，再來就是疼痛的那隻腳所留下的小小輕輕的腳印！當然在這之後，你就會給全班看看在樂譜上所顯示的半拍記號（*A measure of eighth notes would be counted aloud,*「*1-and-2-and-3-and-4-and*」）。讓孩子能夠以更有機的方式，先熟悉這樣的節拍韻律是比較好的。

老師若能知道如何指揮不同的拍子記號，是非常好的。如果不懂的話，去請教他人，同時在聆聽音樂時自行練習。譬如說，學習將 6/8 拍子一分為二來指揮是什

麼意思，同時也能告訴班上你正在學習做的事和為何學習。當你和你的班級一起經歷這一年，你將能越做越好；期望你能大大地領先全班。身為一個主帶老師，一旦你的班級開始吹奏四聲部的直笛音樂等諸如此類，你也需要有能力做到此點。

看懂樂譜中的音程

歌唱課時，除了以文字圖像和旋律線條來帶領之外，也開始要加入寫好的樂譜。舉個例，當你在每一堂的音樂課帶領孩子做音程練習時，停下來在黑板上畫出音程，讓孩子知道三度音程、四度音程看起來像什麼樣子。接下來，回到正在練習的歌曲之前，問問孩子們可否找出樂譜上某個音程（他們可以利用樂譜上的歌詞來指出它）。他們可以找出一個四分休止符嗎？反覆記號呢？解釋一下歌曲的動態，要他們依據指示來唱歌。（高年級合唱團的老師會起立致意，說你是有福氣的）很快地會遇到一個事實～大三度和小三度的音程在樂譜上看起來是完全一樣的。這是因為我們的音樂樂譜的系統是以 C 大調「設計」出的。你可以先略過此部份，等到下一年再說；抑或你夠有勇氣且擁有一個好追根究底的

班級，也可以就直接訴諸樂理。是有方法來做到此點，但需要一段長時間鋪陳，而你不可能在任何一節課花太長的時間來解釋它。我通常傾向在四、五年級這兩年的時間裡於個別班級的課程裡，一點一點逐步地來解釋明白。

　　在進入音階的結構之前，班上或許會有興趣想聽聽音樂是如何演變為現在所看到的形式。就像是孩子們在低年級時所學的一樣，最早的歌謠也是從耳朵和手勢來教導的。然後到了中世紀時期，樂曲的歌詞上方開始寫下高高低低的線條，來指示原來所使用的手勢；這也像是孩子們在低年級時，寫在音樂工作本上的樣子。後來有某個人起了想法，這些記號就像小馬站在上面休息的「石頭」將他們「懸掛」在一橫排的四條線上，像是小石頭、或是鑽石。給孩子們唱一首可愛的詠嘆曲，也許就在聖誕節，漂漂亮亮地裝飾這一個樂譜。在這兒又是一個把旋律元素從音樂中區隔開來的機會，因為詠嘆曲（chant）有著自己的拍子，就如同某人在唸經文。現在全世界的人都以現代的方式在五線譜上讀樂譜，就像孩子們正在學習的方式　。

進一步的樂理與記譜

讓孩子唱出一段好聽的大調音階。請他們再唱一次，同時要仔細聆聽。是否每一個「音階」都有相同的高度呢？有幾個孩子會立刻回答「沒有」。現在你唱給孩子們聽，告訴他們：「當你聽到比較小的音階時，請舉手。」在我的經驗裡，全班至少會有一半的孩子能夠聽出 *mi-fa* 和 *ti-do* 之間的半音音階。現在回到最早教他們「音階練習」時，所畫的階梯圖。幫學生指出高度不像其他音階那樣高的那兩個音階：

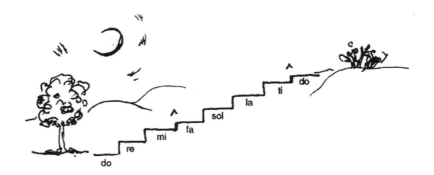

「當一個木匠在建築一座階梯時，他需要去記得且測量的最重要的事是什麼？如果你試著在這樣一座階梯上上下下行走，沒有注意看的話，有可能會發生什麼事？」沒錯，我們都會跌得鼻青臉腫。然而我們的聲音要比我們的腳聰明多了。我們的聲音可以高高低低唱

歌，沒有什麼阻礙。我們的聲音甚至也要比我們的手指
「當一個木匠在建築一座階梯時，甚麼是他需要記得且
測量的最重要的事呢？如果你試著在這樣一座階梯上上
下下行走，不去看，有可能會發生什麼事？」沒錯，我
們都會跌得鼻青臉腫。然而我們的聲音比我們的腳聰明
多了。我們的聲音可以在這階梯上上上下下從不會步履
蹣跚。我們的聲音甚至也要比我們的手指頭聰明。請孩子
們回家以直笛吹奏一首他們熟悉的歌，然後將起始的音
換成另一個音。整首歌就會荒腔走板。但是我們無論是
從哪一個音開始唱，我們全能唱出這首歌呢！

變音記號 *Accidentals*

在黑板上寫出樂譜中的音階，指出半音的位置。
這些音程看起來和其他沒什麼不同，但是我們的聲音
知道這大調音階的秘密。我們可以就此說出大調音階
的模式：全音、全音、半音、全音、全音、全音、半
音（註 17）。我會在五線譜上使用這個符號「︵」，
來表示半音所在的間隔。過了幾週以後，你可以重複
一遍當作複習，同時進一步地問：「當我們唱小調音
階時會發生甚麼事呢？這音有何甚麼改變嗎？」唱出

大調的音階，然後再唱小調的音階。現在全班會知道第三個音需要降下來。但是沒有地方可以寫上這一個新的音符！這時就可以好好地介紹升記號和降記號，當然在這之前他們或許曾經在其他的場合或音樂裡看過。降 E 記號一定就要寫在 E 的相同位置。孩子們很喜歡學習音樂裡的這些升降記號和還原記號的機制。在你詢問時，他們會很樂意重複你所告知的規則。總是會有一些孩子很容易就記起來，變音記號在小節線會自動地被取消。當然我們一定要讓孩子們知道，如果我們在寫一首曲子，只用到降 E 記號的話，我們就將這個降記號寫在樂譜的最前面即可。這樣所有的 E 就會自動地降音了。同時我們可以要求四年級的孩子在拿到樂譜後，先看看開頭有沒有任何升降記號。

音程練習

在歌唱練習中，可以開始試著讓孩子們以自己的能力唱出音程，去創造出和聲。如果需要的話，可以在四、五年級混合上課的大班級時來做。讓班上一半的孩子唱出一個全音，然後另一半的孩子往下唱出一個全音。現在，讓全班以方才所唱的那一個音開始，整個班級一起

唱出「全音」，結果就是跨越兩個全音的和聲，或是一個大三度音程。可以問問全班能否辨識出這一個新的和聲音程。你可以純粹用聽的方式來辨識，或者可以讓一組唱高一個音，另一組唱低一個音來進行。兩個全音的音程是什麼呢？還可以由此再延展一些，使用不同音程的組合來試試。一組唱出大三度音程，另一組唱出五度音程，最後會出現一個小三度的和聲。為什麼？全班將會樂於找出答案。

這一整個學年，有時候以音程唱出新的曲子，有時候純粹以聆聽的方式來感受樂譜上旋律的高低起伏。他們特別喜愛唱莫札特作的曲子「*Bona Nox*」。既然這首是莫札特很年輕時為他的姊姊作的曲子，就來花一些時間和孩子們談談莫札特吧！以這種方式，你可以開始介紹所有主要的作曲家，以及他們的音樂給孩子們認識。

在此學年結束之際，我希望班上至少有三分之二的孩子能看得懂樂譜，至少要看得懂 *C* 大調，同時能夠了解升降記號在調號上的意義～我指的不是深奧的理論，而是他們知道這些記號是被用在寫出音樂樂曲的音階中，而且變音記號會帶入新的音到歌曲裡頭。你要經常重複，隨著這一學年的進展，讓越來越多的孩子能理

解、護持著他們進入你的羽翼裡。夢幻型的孩子會難以吸收你所給予的理論內容，所以重要的是要維持你課堂的平衡；有較為知識性的理論（吸入），也有著美好的歌唱練習（呼出）。如果孩子們的興趣開始不振，加入一些幽默的歌曲和民謠可以帶來課堂上的歡樂與熱情。

給音樂老師的提醒

在我的經驗中，當音樂課程以極大的幽默和愛，以及充滿想像力的方式呈現出來時，是令人享受且充滿活力的。但是，偶而會有這種狀況～這在每一個年級都有可能發生，當我太過於知識性地教學，或者過早帶入一些新東西時，孩子們會以他們的行為來讓我知道。他們並不需要變得調皮、或者渙散不注意，這當然有可能會發生，不過他們會變得～唔…這兒最好的用詞就是「枯萎」。可能在班上會有幾個孩子抱怨說胃痛或者頭痛，雖然你仍然擁有孩子們最大的善意，但在這種情況之下，你也無法繼續進展那個特定課程。如果你執意繼續，整個班會變得臉色蒼白，整間教室孩子的頭都趴在桌上了。（註 18）當這種情況發生時，我發現寧可全然地回過頭放下而不要繼續在停滯的點上費力，無論那是

什麼，還是讓孩子去唱一些孩子們鍾愛而且能唱得很好的歌曲。像這樣緩和地循此路徑進行理論。

　　如果你有著勇氣，對音樂有絕佳的理解，並且十分留意孩子們的反應，他們會出現一些徵兆讓你清楚自己是否做得太超過他們了，你當然可以在四年級時就開始多做一些樂理上的教學。隨著這一年的進展，班上較有音樂性的孩子們極可能開始提出相當複雜的問題。是否要將這些回答轉而成為對全班的教導內容，抑或只是回答一個問題來滿足那個孩子，這每回都是老師自己來決定。我已將主音和調號的介紹放進五年級的課程大綱中，如果真要教的話，五年級是會容易一些。

註 釋

16.「先不論人類和韻律的關係，所有韻律皆植基於心跳和呼吸之間的神祕連結，每一分鐘 18 個呼吸對應到每分鐘平均 72 次的心跳，如此的比率。這樣 1:4 的比率能夠很自然地以任何方式來調節；它也可以很個人化。每一個人對韻律有著他自己的經驗；就算這些經驗大多是一樣的，但人們還是以韻律來了解彼此。所有韻律性的體驗都基於呼吸與心跳，也就是血液的

循環，兩者之間的神祕關係。」

魯道夫·史代納　**音樂的內在天性與音調的經驗**
The Inner Nature of Music and the Experience of Tone，
67 頁。

17. 整個五線譜記譜系統特別是由 C 大調音階所「發明」
出來的，這一點是很有趣的。半音音階是從這個記譜
譜表裡衍生而出，所有音樂記譜上的繁複（還需要被
彈奏出來！），不同調性之所以複雜，主要是因為這
些衍生出來的半音音階，它們位於在 E 音 -F 音和 B
音 -C 音之間。我請求非專業的音樂教師去探究不同
調性是如何成立的～利用鋼琴和五度圈（*circle of
fifths*），它能清楚表明升記號調的順序。這樣子的大
調音階（全音、全音、半音、全音、全音、全音、半
音）有著不平衡但具有動感的結構，是一種宇宙性模
式，克卜勒 (*Kepler*) 在行星群的軌道之間的關係裡也
發現這個模式。

史代納這樣描述聲音在克來尼金屬板上所出現的形狀：
「音調對物質的分佈產生影響…當天際和諧的靈性音
調迴響在宇宙中，它組織行星們進入彼此的關係裡。
你所看到遍佈於這宇宙空間裡的，就是由這神聖的創

造性音調所安排的。」

魯道夫‧史代納 **秘教符號與象徵** *Occult Signs and Symbols*, 11 頁。

18. 雖然以下所引用的段落,在當時魯道夫‧史代納敘述的是一個整體的教學大綱,但是每一堂的音樂課程本身就自成一個小世界。每日節奏裡所需要的全面性的平衡,在每一堂的音樂課裡當然也是一種必機智地實踐的音樂教育能與這過度的碳酸生成過程相抵,從而使人類進入這碳酸過程中能夠再次帶入某種活動,至少是內在的活動。」

魯道夫‧史代納 **教育的深層洞察** *Deeper Insights of Education*, 41 頁。

五年級

　　五年級的歌唱練習可以延續四年級的方式，但進入了更為密集的程度。如果孩子已經加入少年合唱團，應該至少持續要有一堂在自己班上的音樂課，一般而言在班上盡可能地讓孩子們練習視譜並為他們介紹音樂背景知識。有些時候，課堂中「理論」的部份可以佔有更多的時間。我會向學生們強調，了解我授課的內容是他們的責任，所以有任何不懂的地方，他們必須要告訴我並提出問題。有時我會指定某幾個孩子賦予其任務，讓他們針對我所教過的內容，在下一週提出一個問題。如果孩子們還不了解且安靜地坐著，我會認為他們都已抓到概念，將繼續上課。主動地鼓勵孩子問問題，這是必要的，因為在華德福學校裡，孩子們並非以智力分班，在每一個班上都會有不同能力的孩子們。當音樂課的內容越趨複雜時，這種情形開始突顯出來。

音樂體驗的美

　　「在第十和第十一世紀時，介於表面上的、唯物主義的音樂⋯和音樂本身神聖的原型之間的關係仍然被美

麗地呈現出來…。當人們從語言自我提升到音樂時，他
們感受到自己欣喜若狂到靈性的高度，這是神聖音樂的
圖像。這種感受在下列的文字中表達無遺：

Ut queant laxis

resonare fibris

Mira gestorum

Famuli tuorum

Solve polluti

Labii reatum

Sancte Johanne.

為使祢的僕人以愉快的心情歌頌祢的偉業

聖若翰啊

請祢先潔淨我們罪污的唇舌

（備註：施洗者若翰讚美詩）

　　若要將之翻譯出來，我們必須這樣說：「於是你
的僕役們可以用已解放的聲帶來唱出你偉業，請原諒
已變得世俗化的雙唇所犯的罪…啊！聖約翰！」讓我
們從上述的詩文裡，萃取隱藏其中的某些事物：*Ut*（這
個字日後就被 *do* 所代替）、*resonare(re)*、*mira(mi)*、
famule(fa)、*solve(sol)*、*labii(la)*、*S.J.(si)*。…中世紀音樂

記譜的音符名稱，就被小心翼翼地隱藏在這段詩文裡。

　　為了抗衡課程裡頭知識性的部份，別忘了要重視歌唱的美。五年級一定會提到音樂鼻祖「奧菲斯 Orpheus」！或許主帶老師會讓你在音樂課裡講述這個故事。持續以美好的和聲作品滋養孩子們。有些時候使用銅琴（chime bars）並邀請其他的樂器當伴奏。歌唱練習也可以變得更複雜些（見練習 5、6 和 7）。有個優美的音樂練習可以運用在早期的「Ut Queant Laxis」單聲聖歌上。孩子們對學習這首含括了音階裡所有唱名來源的歌曲極有興趣。歌曲本身甚是優美，還可以運用在教室裡老師帶的練習活動中，我的孩子們稱此為「興建一座大教堂」。這練習其實從四年級到高中的任何時間都可適用，取決於它被放入甚麼樣的內容。此首聖歌以及練習都收錄在書末的附錄裡（練習 10）。

　　有些合唱曲在五年級時仍可繼續使用。這時可以教導較低音的聲部並要求孩子們開始視譜。在一堂課的時間裡，將一首難易度屬於簡單到適中的三部合唱曲子，練習到有個大概的樣子，應該是可行的。如果學校裡有合唱團的話，這些都是明年孩子們進入合唱團將會運用到的技巧。特別是那些覺得音樂不是他們所擅長的孩子

們將會需要你送給他們這些挑戰。

在五年級你有可能會發現有些男孩子，比他們的同儕要早熟一些（或許是假裝如此，但這會更糟！），已然決定他們不喜歡唱歌這檔事。在小學階段裡的高年級，有些青少年會縮回到自己的內在，男孩比女孩退卻得更遠更進入自己內在。再者，他們也都清楚幾年後將會變聲，有些孩子會想要盡速脫離他們那清純美好的高音階段，直接進入青春期。這兒需要的是許多的鼓勵、幽默和輕輕接觸。過度要求的態度和嚴格執行的紀律，有可能會讓這樣的孩子永遠不再接觸音樂。當然我們要在課堂上維持一種有紀律的氛圍，但這樣的孩子傾向於不管怎樣要讓他們的感受被知道。就在這樣的年紀，有的開始延展到中音（Alto）的音域，又或許已有些男高音（Tenor）冒出頭來。不管如何，為孩子們找出能讓他們練習聲音的音樂！他們將會享受唱低音，如果他們開始會對自己的聲音感到羞澀，老師不妨和他們一起唱他們的聲部。有些時候，孩子們會對音樂的和聲面向感到惱怒～他們的心魂已開始要往不同的曲調大步前進！這時該是時候將你的吉他和鈴鼓帶進教室了。地區性的民謠風和逗趣的歌謠能夠大幅度地將氣氛轉為輕快。（主課

程老師應該也有察覺此點並給他們機會去接近次中音直笛和低音直笛。）

發展視唱技巧（*Movable Do*）

五年級已經更能全然了解樂譜，所以我指導他們要如何找出 *do* 音，我稱此音為閱讀音樂的「主音」(*key*)。除了學習唱出音程並且能在樂譜裏頭辨識出它們之外，我在班上會使用調號的音階做視唱練習，因為我覺得它是讓旋律最容易接近歌唱者的方法。如果學會參考樂譜旋律中的音階來理解歌曲，那麼他將不再需要求助一個能彈出音樂的樂器來視唱了。（在器樂部分，正確地彈奏出升降音，就已自動地將音符放在對的音調關係位置上。）再者，此法也非常好用，因為妳能以任何一種調來唱出曲子。譬如說，我經常要將一首歌的音高往上調整，讓它更容易接近班上正在萌芽中的男中音。

先以 *C* 大調的曲子作為開始，我讓我的班級孩子唱出正確的音階，然後我們「弄清楚」整首歌。有時候我甚至會準備一些我未曾唱過或聽過的歌曲，大家一起學習：「咱們來看看。如果 *C* 的位置就是 *do*，那有誰知道這首歌起音是音階上的那個音呢？沒錯，就是這個

音。第一個音是 E，也就是 mi」有人注意到第二個音是 sol，然後班上其他人自願說出接下來的音是 fa, mi, re 和 mi。現在我們所需要是 do 音的音高。「有誰認為自己可以唱出 C 音的音高呢？」到了五年級階段，班上很有可能有好幾位孩子和絕對音高值正在發展良好關係。或許其中一或二個孩子已經有絕對音感。這是可以被發展的，而妳在每一節課開始時悉心所做的練習，將能一路協助孩子們認出音樂裡的音高值。

　　幾個星期以後，妳可以使用 C 大調，將它寫在黑板上作為複習，問問孩子如果我們試著以另一個音作為這個音階的起音，會發生甚麼？讓孩子唱出 C 大調音階，一直唱到高音 G。然後往下唱到 G 的音，在中央 C 之前停下來。用直笛或手邊方便的樂器，吹出從 G 音到高音 G 的連續原始音音階，如此孩子也聽到另一種音色。當妳問他們哪一個音是「錯的」，班上將能辨識出來。他們應該也有能力告訴妳 ti（F）音需要升高半音才是。擦掉 C 大調的前四個音，補齊上方的幾個音，揭示 $F\#$，全班看見 G 大調音階是如何寫出來的，也知道為何需要一個 $F\#$。以大調音階模式檢查一下，以 $F\#$ 代替 $ti(F)$ 是否正確；也就是要全音、全音、半音、全音、全音、

全音、半音。「沒錯，就是這樣！」孩子們會讓妳知道。
現在你可以指出，在他們所學的音樂裡，哪一些歌曲就
是「G 大調」。G 就是整首歌的主音 (key)，因為它就是
do 音。當然他們或許已經在直笛吹奏上，學到 F# 的指
法，但現在他們更知道在其所學的歌曲裡，為何需要這
個升記號了。

　　我覺得讓孩子有一個廣闊的理解，知道調號 (key
signature) 為何如此被寫成的理由是重要的。我也覺得
特別是在歌唱課裡這樣做是好的。理想上，他們也將能
在器樂課程中學到這些。然而在學習視譜唱歌時，重要
的是要知道主音及如何在旋律中找到你教的方法。理所
當然學習這項技巧需要好幾年的時光，妳必需非常緩慢
地，在每一堂課裡只用五分鐘左右，但在這幾年裡就要
開始。在介紹幾個不同的調號和指導他們如何找出哪一
個音符是「do」之後，你可以開始問一些新曲目樂譜中
開頭跟音樂有關更細節的問題。「do」在哪裡？這首歌
的起音是音階裡的哪一個音？有一回一個五年級孩子，
被我所解釋的樂理弄的不耐煩了，問了我，「知道這歌
曲是那一種調號會有什麼不同嗎？」我指著我們樂譜裡
的下一首歌，它是 D 大調，清楚地在音樂開頭標記著

F# 和 *C#*，一開始是從八分音符高音 *D* 到 *A*（固定調）。「你可以唱出第一個小節給我聽嗎？」，我問他。好難的問題啊！妳對我不公平喔？「是嗎？假如你知道歌曲中頭幾個音就是（首調）*do, ti, la, sol* 的話呢？是不是就會容易得多了？」啊哈！當然是啊！

於是孩子們學習到旋律裡的音符對應到可移動 *do* 音的關係（首調）。他們樂於觀察最後一個音符就能夠辨認出一首歌究竟是大調或是小調。妳可以唱出多種不同樂曲裡的段落來做為例子，讓孩子們領略一首愉快的歌總是會在終尾時「回家」到 *do* 音。而一個小調的旋律經常會以「*la*」作為結束。（這其實是關係小調音階的主音，但此點最好留待孩子們更大一些再來解釋吧！）

接近學年結束時，我不定期給予一些測試。我期待他們能辨認出個別的音符、能正確地將它們寫在五線譜上、能了解拍子長度和拍子記號（例如，要他們在一個 4/4 拍子的小節中，空格處填上一個八分音符）。他們應該知道這些～ *C* 調、*F* 調、降 *B* 調、降 *E* 調、*G* 調、*D* 調和 *A* 調和該如何能找到 *do* 的位置，並能辨識這些調裡任何音符的音名（*Solfeggio name*）。有時我會要求

孩子由 *do* 開始，寫出一首簡單的歌曲像是「*Row，Row，Row your Boat*」。

我不時地會提醒班上，下一年度他們就要進入合唱團這個事實。屆時他們會被期許能了解這些東西！和全班工作，讓他們學著邊看著他們的樂譜邊看著你的指揮和力度。教會他們如何握著他們的樂譜，以便能同時做到上述這兩點。當孩子唱歌的時候，要確定他們坐在椅子的邊緣上，或站立時有將他們的體重平均地放在雙腳上。這時候你越正式越嚴格地要求孩子們正確的唱歌，在大孩子合唱團裡的老師就將越容易應付這個大的混合班級。

六到八年級

合唱團

　　六年級的年紀已經夠大，可以加入一個較正式的合唱團體了，如果有的話。在我任教過的學校裡，高年級合唱團是由六年級、七年級和八年級生所組成。此時不再是研讀音樂的時候，而是要進行音樂演練了。合唱團由所有的班級組成，是個很大的群體，而且是每日課程裡的一部份。當一個整合良好的音樂計畫在學校裡已然建立並行之數年，你將發現整個群體已提升到一定的水準，需要一位專業的指揮者，或至少是具有扎實的音樂與合唱訓練背景的老師，可以聘請你的傑出音樂家們，讓合唱課以絕佳的步伐繼續前進。整個步伐有可能會相當快～剛加入的六年級生每一年都在為此作準備，同時也會得到七年級和八年級同學們的奮力支援，直到他們站穩腳步。

　　要能找到這麼一個人，能夠贏得一大群活潑的青少年的專注、有著適當的紀律、還能維持著一種有益歌唱學習的氛圍，這樣的人選極為稀少，可說是稀有之珍。視他們為崇高尊貴的存在來對待他們吧！我總認為這樣

的課，至少需要安排兩位老師在場。這樣的話，維持紀律時（某些時候是絕對需要的）就不會影響到課程的進行或是音樂的流動。必須要有一名助手來負責樂譜事宜～這可是一份頗具份量的任務，每一件事都要以一組 70 份的數量來準備。一名優秀的伴奏可提供絕大的支持。需要時，他／她可以在伴奏時幫忙帶段落練習，同時也足夠敏銳能依循指揮的想法，就算指揮沒有特別地對他／她講話。合唱團會需要許多場地來做演出。各種節慶和外部參與對孩子的感受來說是重要的，這是很有價值的活動。最後，一定要讓年紀小的孩子有機會聽聽合唱團唱歌，讓他們對未來有所期待！

　　為了表示體恤並且鼓勵（如果可以將這兩者畢其功於一役的話）任何想要發起這樣一個合唱團的教師同事，我將回述當年開始發展合唱團計畫的那些日子。九年前，當時教師群裡有幾位老師對音樂有著強烈的愛，於是我們認真地在學校啟動了這個計畫。有些時候合唱班多少是吵鬧的，也很難控制那些並不特別想要在這團體裡的孩子，遑論要教導他們音樂。負責課程的兩位老師，其中一位必須是「秩序管理者」，另一位負責指導合唱。幾年後他們會互換職務，因為對老師而言，

成天必須擔任音樂惡龍，實在是很不道德的一件事。有些年是成功的，也有些年像是踩水，毫無進展（請原諒我不該在此使用這譬喻～或許我該說像是一直保持著永久的停止）。在班上會有孩子對於視譜毫無技巧（他們成功地反抗教室內的教導），也仍然對學習音樂沒有興趣。一開始合唱團被安排在一天的最後一節課，後來我們發現，孩子們以為這是額外多出來的一節課！於是從那時候開始，合唱課就被安排在一天的中間，也就排除了這個特別的問題。六年了，這個由六年級、七年級、和八年級所組成的合唱團，每一年演出一齣小型輕歌劇來激發孩子們對音樂表演的熱情，也鼓勵那些願意擔任獨唱角色的孩子能往前跨一步，全然地參與其中。這些安排非常成功，也得到學生與家長的歡迎。每一年的聖誕節孩子們會在學校的節慶裡和當地社區開始表演韓德爾彌賽亞 *Messiah* 的縮減版。與此同時，每一年合唱團的新進六年級生也對樂譜和歌唱有著更完整的理解。低年級的孩子期待自己能在輕歌劇擔綱演出的時日到來，而每一年他們也能聽到彌賽亞以更好的水準呈現出來。幾年前學校的合唱團已經達到要不「很酷」要不可以接受的階段，許多人千真萬確地欣賞著。在將臨期的季節

裡（*Advent*），你有機會聽到彌賽亞的樂句很自然地從孩子們口中唱出，隨著他們度過一天的時光。

　　三年前，一位本地盛名的指揮家同意來接管合唱團。他非常享受和孩子們一起共事，也能動用孩子們從低年級學習經驗中練就成的做事意願以及美好發聲法。合唱團能夠讀譜並且反應非常積極。當被要求要「將嘴唇圓起來，發出一個好聽的 O ～音」時，每一個孩子毫不遲疑地照做（對於青少年，這可是件了不起的成就，任何曾和青少年共事過的都會這樣告訴你）。當團員被問起近期內有誰願意試試在班傑明・布列頓 *Benjamin Britten* 的 *Ceremony of Carols* 曲目裡擔任獨唱的角色時，下課後就有十個孩子留下來詢問。今年，合唱團將在城內大教堂裡為聖誕節服務演唱；而明年將開始嘗試演唱韓德爾彌賽亞劇的原始完整版曲目，如果他們的指揮相信孩子們可以做得到！在罕有的情況下，孩子們被要求去聽聽其他合唱團體的錄音，唱他們正在學習的一些樂曲，孩子們做出下列的評語：「我喜歡他們在 *Rehearsal 25* 的斷唱段所唱的方式。」或是「我覺得我們那個部份唱得比他們好！」（指揮也同意這點。）男中音的部份有的時候唱得比女中音還要好！最後這個讓我每一次

聽他們唱時，都顫抖不已。

　　我在此插入這個平凡故事來當作一個提醒，要建立一個成功的音樂計畫需要時間。我無法想像從頭做起，因為技巧和興趣必須要從孩子們的期待和經驗裡逐步建立起來，家長的部份也是一樣；這是一個長遠的過程，一直延續許多年。無論如何你已將它建立在你的音樂課程中，並得到教職員團隊視為一體的支持，你不能不成功。現在就開始吧！

音樂即科學～克拉尼金屬板 *(Chladni plate)* 與聲音的「形狀」

　　雖然討論主課程的內容已超過此書的範圍，然而有一個主題是直接和音樂教學有著關聯。六年級開始教導物理，這期間聲學被當作一個主題來討論。在此容我帶領非主課程老師們來略窺一下教室，我將描述在主課程裡所進行的一些內容，將之視為一個整合藝術與智性研究兩者的美麗實例，一種生動交織的規律，從一個科學領域發散進入到音樂的領域。不過，也請不要將以下所陳述的例子，當成是你物理課的唯一資料來源。我是從一個音樂老師的角度，來觀察這一堂課的！在你的物理

課裡，還有許多與聲音有關的其他面向，或許那才是你想要強調的。對於非主課程老師的人，我會鼓勵你去找六年級的主帶老師，禮貌地詢問並送上鮮花和糖果（任何一種會引起一名忙碌的華德福老師注意的東西），懇求他們為你示範克拉尼金屬板實驗～ 他／她可能答應你呢！（此種平板震盪器可洽詢 AWSNA 北美華德福協會出版機構）。

孩子第一次接觸「硬」科學的學科之一就是物理。在班上做光、溫度、熱、以及聲學各種物理屬性的示範：全班近距離小心地觀察這些客觀的現象。孩子們被鼓勵去記得並詳細記錄他們在課堂上所觀察到的；第二天由老師引導全班來討論他們在前一天從示範中所看到的原理。在聲學這一門課，老師採用班上的音樂經驗。此處音樂老師清楚地給予主帶老師支持。魯道夫‧史代納強調在這個章節所運用的「字彙」與經驗必須是有著音樂性的。

第一個示範裡，以各個物體敲擊不同的東西。我們明顯地聽出各種木塊產生的聲音和金屬類的聲音有著不同的音色，但我們有多少人能確實地聽到這物質世界所發出的聲音？去做這事算是一個音樂性的體驗。在許

多有關聲音品質包括音色與強度的示範之後，現在要讓班上考量音高（*pitch*）。這會用到音樂樂器，大部份都是班上孩子所熟悉且是日常使用的；例如，我們會比較直笛家族相對尺寸的音高差異。在舉例許多種類的音樂樂器、例如在瓶罐與高腳杯內注入不同高度的水，再予以摩擦調出音高等等諸如此類實例之後，單一弦也被拿出來使用。這一種樂器只有一根弦，或至多兩根弦，可特別用來示範弦位置比例和長度對於音高的關係。（此處弦樂器也是可以使用，但是我想得到可移動琴橋在弦上任何點上停止的的弦樂器，只有魯特琴、或是德西馬琴。）

老師撥動那像大提琴一般長的的弦。然後，小心地在一半長度的點停下，再撥出一個聲音。「這是什麼音程？」是一個八度音！現在，將弦區分為三等份。首先撥動整根弦做為基礎音，然後在三分之一處的弦，以琴衍（*fret*）擋住，再撥動剩餘的那三分之二長度的弦。「現在你聽到的是什麼音程？」 對於一個多年來做著音程練習的班級來說，他們將會毫不遲疑地回答：「五度音！」假設最初的基礎音高是 F，然後我們持續將剩餘三分之二長度的弦再區分為更小的三等份，在最前段的

三分之一處的弦位置做阻擋，再重複將剩餘三分之二琴弦分成三份，在最前段的三分之一處的弦位置做阻擋，那麼我們將會得到的音高是 F、C、G、D、A、E、B。（可與直笛家族的相對尺寸做對比）。將這些音放到五線譜上，然後降低幾個八度（最後幾個音實在很高！），讓它們都能包含在五線譜裡。呈現出來的結果是一個大調音階，這是從一根震動的弦裏按照幾何與比例所解析出來。孩子也可能會認出這一個「五度圈 Circle of Fifths」就是音樂記譜裡升記號出現的順序。

現在重新將弦調成低音的 B。將整根弦分成四等分，接著在琴衍（比例 3/4 處的阻隔點）長的那一端撥動琴弦。「這是什麼音程？」那是四度音，你的班級將應該會如此回答！新的音是 E。「現在，以 3/4 長度的弦做為新的基準，再度將之區分為四等分，同樣撥動 3/4 長度端點的弦。繼續重複的步驟，我們將得到 B、E、A、D、G、C 和 F 的音符。全班看到這些再一次地都是大調的音，同樣是在一條弦上以數學上的除法而得到的。倒退地的進行也會產生第一次以 2/3 為比例所得結果。降記號與升記號出現在四度音與五度音上的位置正好順序是相反的。

全班已經能夠以自身的經驗，來辨識出音程。他們已經目睹僅從一根單弦竟蘊藏著音階的神奇。在接下來的幾天，物理課程繼續進展，孩子們體驗了振動的弦是如何地動，也看到藉由在跳繩上做出一個駐波 (*standing wave*)，一個「八度」 節點～振動中的跳繩在這個點上靜止，雖然它的兩側仍持續擺動著。老師可以用單弦樂器，或是吉他，來示範這些「節點」。當琴弦被胡亂撥弄之後，可以輕輕觸碰這些節點，而不致完全停止聲音；反而會發出一種可人的、銀鈴般的聲音。

終於到了這一天，老師站在她的桌旁，一個奇怪扁平的金屬物品緊緊固定在桌上。她手上持著一把老舊的大提琴琴弓。多麼有趣啊！她讓孩子們圍繞著她，請某一位同學在克拉尼金屬板上，撒上沙子、鹽巴、甚或更神秘一點的石松粉。 她在金屬板的邊緣上拉動琴弓，板上的粉末如活起來一般地跳動著在板上移動，當粉末停止移動時，板上也呈現出清晰可辨的圖案。這次是在平板上、二維平面上，不是在一根弦上來理解節點。

輕輕碰觸金屬板邊緣的中央，再次拉琴弓。這是個較高音高的聲音，是第一次音的和諧音，粉末再度跳躍，形成一個更為複雜的圖案。你可以重複此步驟五次

或六次，每一回輕觸金屬板邊緣上不同的位置，每次產生不同的圖案，每一次都是這金屬板的和諧音。（這些音將不會構成一個音階，甚至會是無法辨識的音高，但都是依據金屬板本身的基礎音調而定。基礎音調的音高會因金屬板的重量、大小、和厚薄而有不同。然而整塊金屬板所產生的各種音調，彼此都會是相關的和諧音程。班上也許能聽出八度音、或許更高的五度音，但接下來的音高都太高了。） 這些美麗迴異的圖形和圖案，就這樣在以弓側拉的金屬板上，讓音在金屬板上入世成形了。在孩子面前將原不可見的形狀召喚出來，這是低年級階段令人敬畏且激勵的時刻之一。我們不會對孩子們解釋這些圖形，而史代納對這些圖象是這樣說的：

各種圖形的形成是依據音的高低而定。我們稱這些為克拉尼圖形（chladni figures）。…經由這樣的事實「celestial」音在空間的世界裡迴響，而物質形具自身，進入了行星的系統。你看到我們有「celestial harmony」這樣的描述語句，這不僅是一種巧妙的比喻。它是一種事實。

以一個主帶老師的身份，我已經展示給孩子們克拉尼金屬板圖形，在此暫停留待第二天再來討論音樂的力

量。我們不須提及上述史代納的引語，或在課堂上討論任何的「秘教」科學，但孩子們已目睹在樂音的影響之下，一根振動的弦以及一塊扁平金屬板上所呈現的各種形式與圖形。你該鼓勵他們在自己的內心思考著：若是在一個三度空間裡，當我們在教室裡唱歌時，會是何種的光景呢？那麼，當我們去聽音樂會時，置身在音樂廳裡，在空氣中，那不可見的多種向度、變化多端的型態，又是如何地在我們身旁環繞飛舞呢？

於是在物理課程裡，我們稍稍提及了超越物理現象，暗示那音樂的形塑力量。願意的話，還可以繼續衍伸至聲學和共振的討論。

青春期和音樂

對於一位曾教過高年級的班級主帶老師而言，標題這兩個詞有時似乎不大能連結在一起，除非這音樂指的是震耳的雜音。六年級的孩子對自己的聲音感到脆弱無助，對男孩子來說更是如此。女孩子同樣有時會需要審慎地衡量，並退到自己內在的空間裡，因為有許多私密的改變和發展正在開始。老師一定要記得，我們的聲音就是我們心魂的顯露。史代納提到，身為老師要對這個

嬌嫩的年紀予以纖細敏銳的對待：

　　這年紀的女孩子通常有著某種自由的態度，她們將更準備好要進入群體；而男孩子，特別是有著深沉感受的男孩，我們會注意到他們更容易有著退縮的傾向。這是因為在青春期的階段，男孩子內在自我體和星辰身之間的獨特關係所致。… 退回到自己的內在，特別是有著深沉天性的男孩更為明顯；那麼老師（無論性別是男或女），若他們能以一種細緻的態度進入這類型男孩深藏於心魂裡的秘密，就能對這樣的男孩產生非常好的影響。老師一定要謹戒在心，切莫以粗糙的方式來觸探；而是從他自己整體的風度來顯明他知道秘密的存在。

（注釋 19）

　　有一些班級老師會在這個階段停止早晨的歌唱，或者，如果老師想延續的話，他們必須使盡全力，以創意和想像力來讓音樂可以繼續下去。要在早上八點鐘，讓全班熱情十足地唱歌，可得要費一番工夫！妳可以運用一些好的實例、紀律、幽默、還有蓄意的留課威脅「我們要不就現在唱，或是中午吃飯時間唱。我是無所謂的！」這句話極可能是絕大多數的班級主帶老師在教學生涯中的某一天，曾經如此說過。（我懷疑，真的會有

從沒說過此語的老師嗎？）無論如何，重要的是讓音樂能夠繼續。這個年紀最需要任何能表達出美與和諧的細微要素。站在音樂的立場而言，正是為了這趟旅程，從孩子低年級開始，你就一直都在讓他們做好準備踏入青春期，這個豐富卻又藏著陰影的世界。沒有人會老到或僵硬到忘記在那段青春歲月裡，自己情緒的暴漲，並且完全沒有能力表達出來情緒是如此愉悅、折磨、重視我們。星辰身即將誕生，每一個父母和師長在這過程所及的範圍內，都很清楚它往外顯現的方式。然而，這個星辰身是甚麼？音樂就是星辰身的文字和片語，已經開始灌注進入心魂的匣門內。

　　沒錯，星辰身在物質身體裡頭表達自己，這一種身體上的外在顯現是可以從自然科學的法則來了解。但星辰身本體的真實內在存有（*true inner being*）及其功能是這些法則無法解讀的。它只能藉由對音樂的了解來一窺堂奧，這不只是往外的了解也是一種內在的明白，這些還能在東方以一種修飾過的形式仍然存在於希臘文化裏中；但在現代，這些已然消失無蹤。如同以太身源自於宇宙性雕塑（*cosmic sculpture*）而作用著，星辰身源自於宇宙性音樂，宇宙性旋律（*cosmic music, cosmic melodies*）而作用著。唯一在星辰身裡的地球性元素，就是時間～音樂性的節拍。節奏和旋律直接從宇宙而來，那星辰身是由節奏和旋律所組成。

史代納繼續討論各種音程的內在經驗與重要性之後，他繼續說：

星辰身的工作，它就是每一個人內在的音樂家，也模仿著宇宙的音樂。同時它也活躍於人的身體裡，它從人的形體找到表達的方式。如果我們可以熟悉這樣的想法並力圖以此去了解這世界，它對我們會是個令人驚嘆的經驗。

對一名十幾歲的青少年來說，能夠擁有將這些無法言喻的如生產的陣痛投入在一把大提琴或是一把喇叭樂器上的能力（當然！這要看孩子的氣質而定），是多麼撫慰人心！在此刻音樂老師送給這些正在發展中的個體的禮物就是多年來已經教給他們的方法，他們如此笨拙地或坐或躺地處在自己的身體裡或座位上，他們可藉由老師給予的方法來欣賞莫札特或貝多芬，或能夠在巴哈有秩序、冷靜的世界裡暫憩一會，找到避難之處。

班級老師也能在以下列出的高年段普通音樂課綱中，發現一些有用的點子。

課綱裡的多種作法

若學校在高年級已成立合唱團，同時也有著器樂的課程，要在每一節課繼續研習音樂，我發現是有著困難的。我的經驗裡，合唱團需要一個星期至少兩次的練習，同時器樂老師也堅持若要有良好的合奏表現，一星期沒有三次的聚集練習，是不可能達成的。身為音樂老師，我們知道能教給孩子唯一重要的事，就是音樂（我確信此點），但還有眾多的科任老師喧嚷著要多一些時間和學生們在一起！因此，一個理想的音樂課綱可得要做出因應之道。理想上，每個年級每一星期要維持至少一堂的音樂課，可以是直笛、唱歌、或其他樂器，讓更深入的樂理得以闡述。例如，你可以教小調音階與調式，加入音樂上的許多傳記，接續主課程的歷史與地理課，還可以讓孩子發展一些技巧，像是指揮甚或作曲。提到打擊樂，它是這麼容易被班級老師視為是音樂的附屬品，也常被指派給班上最沒有音樂性的孩子，「當其他人在吹直笛時，給他們一點事做吧。」（千萬別這麼做！請將打擊樂器交給班上音樂性最好的孩子們，讓他們去體驗節奏裡的「合聲」！）打擊樂是可以當成一門特別科目來進行一段時間。理想上也是由音樂老師來主

責，因為他已經帶孩子上路，就能夠整合孩子們的能力來成就這麼一個協調的音樂研習。

如果學校在高年級已分出多種的音樂領域，那這些多樣性的課程就需要數個不同的、通常也很忙碌的音樂老師。他們或許會將以上所提及的內容全部或一些、或完全沒有帶入自己的課堂內，就像我提到的合唱團，時間就都給了合唱的音樂了。無論上述的內容是否有涵蓋到，它們應該是可以做為即將舉行的音樂會或慶典附帶的準備。倘若班級老師有充分準備並充滿熱情，所有這些內容都有可能配合融入在高年級多樣性的主課程裡。我在此做個有點難為情的告解，當年我身為班級老師時，並沒有盡我所能將音樂的相關性納入主課程中。如果老師本人有著活躍的音樂生活，無論是什麼科目，都能將音樂帶入教室成為課程的背景，這是我的願望。

註 釋

19. 魯道夫・史代納 **秘教符號與象徵 *Occult Signs and Symbols***，11 頁。

悅ㄩㄝˋ樂ㄩㄝˋ樂ㄌㄜˋ

Part Two

一至八年級的樂器課程

低年級的器樂課程

    ...在換牙階段到青春期之間的歲月裡，為了生命內在進展上的需求，從一開始就給予孩子音樂上的課程是非常必要的；首先盡可能地讓孩子習慣去唱些短歌曲，自然而然地唱不需要任何的理論；就只是簡單地唱些小曲子，不過，這些歌曲也需要好好地來唱。然後你可以運用這些簡單的歌曲，讓孩子逐漸地從中去學習到何謂旋律、節奏和拍子等等；但整體上你一定要先讓孩子習慣唱出這些歌曲來，同時也在可能情況下吹奏這些曲子…。應該要盡可能早些讓孩子能有這樣的感受～甚麼是他們自己的音樂性存在流進某一個客觀的樂器；以這樣的目的來看的話，那麼鋼琴（注釋20）對一個小孩來說，可能算是最糟糕的樂器了。應該要選擇其他種類的樂器，可能的話，選擇能夠被吹奏的。若你有能力，你就該選擇一個管樂器，因為孩子們會由此學到許多，也將會由此而逐漸了解音樂。我們都會承認，當孩子一開始吹奏，那真是令人頭髮直豎的體驗，但就另一方面來說，在孩子的生命中，能將這整個空氣組成體，加以延展並且引導，可真是個美妙的事情；否則他就只能繼續

將這些空氣禁錮並把持在體內的神經纖維裡。人可以感受到整個有機體正如何地被擴大著。這樣的進程能夠繼續擴展進入外在的世界；否則就只會把持在有機體裡面。類似的情況也發生在孩子學習小提琴，這時實際的過程是孩子內在的音樂被直接地引導出來，他感覺到他內在的音樂如何藉由他的弓通到琴弦。

但請記得，你應該盡可能早些給予這些音樂和唱歌課程。

魯道夫·史代納 **孩子的王國** *The Kingdom of Childhood*

在我的經驗裡，低年級的直笛課程通常落在主帶老師的身上。接下來的引述每一位老師都能使用，而對於那些自謙為「不具音樂性」的華德福老師們，這可是一個美妙的機會和你的孩子們一起學習與成長（或者說，至少要超前他們一點兒是更好）。很有可能七年之後，你發現自己能在自己教室裡，指揮著一個直笛團！最初的幾個步驟，就從一年級開始。

註 釋

20. 幾乎每一回提到鋼琴這種樂器，史代納是以一種嚴厲

的詞語來形容鋼琴。在文中所引述的某一段裡，他稱呼鋼琴為一種「記憶性的樂器」。在其他地方他的譴責是因為所有琴鍵都以一種相當人工的方式，按照音高的順序排列好。在某場演講中，他稱鋼琴為「庸俗的樂器」。他讚許布魯克納 (Bruckner) 的音樂，因為他讓鋼琴消失了。為何會針對這種在許多家庭、或可說近乎所有具備著音樂文化的家庭裡，高踞廳堂的鋼琴說出如此嚴苛的話語呢？我相信一個原因是這個樂器特別地讓彈奏者遠離發出聲音的琴弦，坐著、實際上幾乎是沒有動作地坐在凳子上，和樂音的來源處相隔甚遠。在彈奏者與鋼琴琴弦之間，存在著一種掩藏在目光之下，複雜的機械性；由純粹的機械性動作組件～槓桿和鎚子所組成。當學生敲擊琴鍵，他以動作建立了一種複雜的機械性。他的動作是一種敲擊樂屬性，而其結果是旋律和節奏！和其他幾乎所有的樂器相比，鋼琴彈奏者可說相當缺乏那種創造聲音的音樂體驗。譬如說，一名小提琴手必須要跟著旋律、在琴弦上移動她的手指頭創造出聲音，而持弓的手也必須讓旋律帶著，以美好的圓弧姿勢跟隨著樂音。所有的管樂器也是一樣，身體跟隨著旋律的流動而擺動

著，同時呼吸和動作也加了進來。這正是唱歌時做出來的一種內在反射動作，甚至在傾聽音樂演奏時也會如此。以上種種在鋼琴彈奏時極少能顯示出來，雖然一旦琴藝精湛到某個程度，也有足以讓音樂燦閃流動的可能。

一年級

　　關於直笛吹奏，我必須給予的第一份忠告就是～等待！剛開始，許多孩子的手還太小太弱，無法有效地吹奏笛子。讓孩子在他們進入一年級的新生活再長大一些，在這之前最好先暫緩投入直笛的練習。剛上一年級的孩子，他們還無法全然控制自己那小小的手指頭。有些孩子的手指指尖還太小，不足以妥當地蓋住笛孔。所有我們能和他們一起做的雙手練習，從剪下橘色的圓形來做萬聖節的南瓜，到他們以無比熱情做出的手指編，都能夠幫助他們在音樂上的學習。不過也有一些特別的事情是我們能在一年級學年的一開始就能做的，這對他們日後學習吹奏會更有幫助。

為笛子做些準備

　　除了在許多華德福詩集裡可以找到的手指練習、以及來自同事們所彙集的練習之外，吹奏笛子必須要能夠相當獨立地運作每一根手指，當一根手指在動時，其他的手指要能保持不動。可以使用一根棍子、一個小的節奏棒，或是此類之物來做練習是很好的。讓孩子輪流

升起一根手指頭，同時保持其他手指留在棍子上不動。

在孩子們都聽完以下這個故事陳述以後～鳥兒的巢裡有好多隻鳥寶寶，它們都在等著鳥媽媽帶著食物回家～你可以讓孩子水平方向地握持棍子在他們正前方（如此一來，你可以清楚看到他們手指運作的狀況）。當他們一根接著一根抬高手指並放下回到原來的地方時：

　　　籬笆上有一個鳥窩

　　小小鳥兒在窩邊丫丫叫著

　一個接著一個，牠們挪動著，偷瞄著，

　　當鳥媽媽尋找牠們的早餐時。

孩子必須要發展技巧，可以輪流提起好幾根手指頭，當其他手指動作時，留在原來地方的手指頭還能舉握著棍子。創造出這麼一幅圖像～花園的籬笆上，小小鳥兒排排站，它們將要學習如何飛翔：

　　　小小鳥兒在牆上

　　一隻接著一隻，在秋天裡飛去

　　　夏日來臨，百花生長

　　　所有的鳥兒歸來歡唱

　你可以為這些手指練習創作出自己的韻文。孩子將需要很多的韻文，每天反覆地做這些練習。對於班上雙

手不是那麼靈巧的孩子來說，在他們的手指技能還沒有
練習好之前，就開始吹奏笛子會是個不佳的、甚至會是
種挫折的經驗。你可以使用相同的幾首韻文，去強調詩
文裡的節奏；同時也能看到全班孩子隨著這些節奏移動
手指和雙腳來應和。

五音笛

　　同時你也可開始準備一些笛子的曲目，一旦孩子已
然準備好，就能開始教導他們。市面上已有出版一些很
好的五音笛歌本，或者你可以創作自己的歌曲。無論你
選擇哪一種，我都建議採用 *Choroi* 牌子的五音笛來吹
奏，你會需要一些時間先讓自己適應樂器那溫和的樂音
與調性。這樂器也很適合全班的練習與吹奏。（五音音
階並沒有任何的半音。請參照前文適合一年級歌唱課的
歌曲選擇，其中談論到為何選擇五音歌曲的理由。）五
音笛的輕音是柔和的，就算用力地吹也不會產生高八度
的音或是發出尖銳的聲響，而是會出現持續的單音或者
是沒有聲音，也因此孩子們能倍受鼓勵，以正確的方法
去吹奏。使用五音笛，而不使用「正常」全音笛來吹奏
五音的另一項優點是，整個五音音階，五音笛的笛孔間

距並不是一樣的長度。這樣的孔距外觀，孩子們吹奏起來比較不艱鉅。如此的一種樂器是他們可以掌握的，聲音又柔和又甜美。（仍然有疑惑嗎？你可以到三年級或四年級的班上，看看他們吹奏笛子，特別當某個音樂片段發出尖銳聲響時，能看見孩子在角落用雙手掩住自己的耳朵。）

第一堂的直笛課

當你判斷一個班級是否已準備好與直笛相會時，最重要的是要盡我們所能確保孩子們知道如何給予樂器應有的尊重來對待樂器。我見過太多的班級（感謝老天那不是我自己的班！），班上的男孩子會互換笛子來玩耍，在二分休止符的空檔時間，拿起笛子以眼睛瞄準，射倒全班一半的同學！直笛的握持方法與使用方式應該從一年級一開始就予以強調。第一次為孩子介紹直笛時，可以說一個故事～有一個人，他能讓樹木像美麗的鳥兒一樣唱出優美動人的聲音！（歷史的準確性在此並不重要，而是讓全班填滿對笛子的敬意與愛的圖像。）這兒有一個更為簡化的版本：

在某一個秋日，當樹葉都從樹上飄落下來，女子走

進了森林。她仔細看著、聽著，想找出那些記得夏日樹梢上的音樂，並迫切想要和最後才南飛的鳥兒一樣唱歌的那些樹木。她該要如何才能找到適合的樹呢？現在的森林裡已經沒有音樂，但是她很清楚該要如何聆聽。當一陣一陣的風，搖晃著樹的時候，她安靜地站著。在那兒，有兩根樹枝彼此摩擦著，發出吱吱聲響。女子微笑著，記住了它們的位置，就在那大大的灰色岩石旁邊。它們有一天會成為很好的小提琴琴弓。但是今天她想找的是另外一種的樹木！那是什麼聲音？當風再度吹過樹枝時，她仔細聆聽。就在那兒！那兒站著一株小樹，它捧著自己的枝幹迎著風，好讓風兒吹過時能發出嗡嗡的鳴叫聲。那是一棵唱歌的樹！女子滿心歡喜，小樹也一樣高興，因為它終於也長得夠大，能引起人們的注意了！這個製造樂器的人將小樹砍下，帶回家裡。隨著冬天到來，雪在戶外降落之際，小樹的枝條也慢慢的，在樂匠極為謹慎小心的處理之下，變成了許多瘦瘦長長的管子。每一個管子的一端是塞住的，管子內部的形狀又圓又滑順，像是我們在唱歌時候嘴唇的模樣。終於在某一天，管子的另一端很小心地被切鑿出小小的窗戶，好讓音樂可以流進來。然後樂匠將笛子一個一個試音。新

製好的直笛清亮的聲音迴盪在小小的房子裡，就像小鳥在唱歌。現在小樹終於如願以償，能夠發出音樂了。

　　將直笛發給孩子，同時老師也指導全班該如何愛護笛子。孩子們已做好可愛柔軟的笛袋，為直笛提供安全的保護。孩子們被邀請以一種安靜有秩序的方式，一個一個地對著燭焰吹氣，讓燭火跳躍但不熄滅的程度；然後請孩子試著以同樣的強度吹著自己的直笛。選一首孩子們已學過，只有以單音做出節奏的歌曲會很適合當作第一首吹奏的「曲子」；不過老師一定要事先思量周全並在數星期前就介紹給全班，如此孩子們才能夠熟悉這首曲子的樂音。

　　接下來的幾個月，孩子們從單音的曲調進展到兩個音組成的樂曲，然後三個音…，直到最後兩隻手都能就位，將所有的笛洞都蓋住為止。進度是緩慢的，也一定要是緩慢的，因為班上還會有小小的手指需要更多的時間來長大。在音樂課堂裡，紀律是最重要的。老師一定要準備好以和善的方式，對怪異及故意發出的噪音做出指正；如果這樣沒有奏效的話，就將越矩孩子的直笛先收起來。這時要堅

定。這對於你未來幾年的健全教學是必要的舉動！
說說關於一個女孩或男孩（當然不是某一特定的孩
子）的有趣故事～他就是因為無法好好吹奏，因此
所導致的一連串事件～這或許會有用，但盡可能要
在直笛課之外的課堂上講述比較好。

　　發展手指技巧的另一個方法，是教導孩子如何
以啄木鳥式的方式來吹奏。如果將直笛移開嘴巴，
用指頭拍擊笛洞的聲響會出現彷若擊鼓的聲音，卻
仍有保著音高。我們可以用這種方法「彈奏」出歌
曲，這樣能強化手指，因為手指拍擊的力量越大，
所發出的「音符」聲音就越大。全班會被這種直笛
彈奏法逗樂了，如果全班一起彈奏，所發出的聲音
是聽得見的。

二年級

　　到了二年級，全班仍然模仿老師的手指指法來學習吹奏出他們會唱的多首歌曲。這時，是否以學習唱歌的方式來學旋律，或是當作直笛音樂的方式來學習，這兩者的過渡期並不是那麼重要。可以將學生以排為單位、或是以小組的方式來展現他們已有多麼會吹笛子了。而班上一定會有那幾個孩子，有時（甚或是經常！）想要站到前頭，引領整個班級吹出某幾首曲子。為二年級的孩子選出五音的旋律，從民謠音樂，特別是從塞爾特風（Celtic）的曲子中選擇會是不錯的來源。在二年級學年結束之前，孩子應該會能運用樂器來吹出所有的音符；在這一年中，以一種切實的方式教導他們學習所有新的歌曲。對老師而言，有兩種方法來吹奏直笛：一種是在孩子面前，清清楚楚地讓孩子看到你的手指是如何動作的。這時很自然地，當老師在吹出音符時，會將動作做得誇張一些。另一個方式是在正常情況吹奏笛子的指法，也就是手指頭只會浮懸於笛洞上，不到一英吋高。當你以這種正確的方式在孩子們面前做示範時，要以全班已經知道的旋律、正確地吹奏。從低年級開始，我不

時地要試著提醒孩子們以正確的指法來吹奏，我之所以
會將手指提得那麼高，是為了要顯示給他們看清楚音符
的位置。手指不離笛洞太遠，也有利於日後遇到快速音
節時，能順利吹奏。

音高與節奏 ─ 發展音樂技巧的兩個練習

　　隨著班上的進展，進入到一些技巧練習時，你可
以回去找找之前以兩個音和三個音所組成的曲子。這些
曲子在一年級的時候顯得困難，現在教導全班去回應老
師為了標示音高所做的手勢，就像是在做唱歌練習時一
樣。老師可以在當下即興「做曲」，將整個班當成一個
樂器，來回應你的手勢。另一個很有價值的聽力練習，
一開始也可以運用這種簡單的兩個音符形式，只是你得
要背對全班，然後吹出一段簡單但孩子們不熟悉的樂
段。他們聽得到，卻無法看到你吹奏時手指是如何移動
的。接下來要求全班吹奏出來。一整年重複做著相同的
練習，同時所吹的旋律也要逐步變得複雜。這樣就能慢
慢地，將原本唱歌時本能上具有的高音和低音的內在體
驗，轉移到外在的直笛樂器。

　　在直笛課裡，你同樣可以運用我在歌唱課單元所

描述的遊戲，可藉由拍掌拍出節奏或只是安靜地以旋律的手勢指示出音符的音高，讓孩子辨識出他們已知的旋律。一旦全班已經熟悉某些音的位置時，老師可以將直笛移開嘴巴，以手指在笛孔上彈奏，讓全班看得到指法，卻沒有樂聲。對於清楚吹笛指法的孩子們來說，透過指尖很容易猜出那一首歌曲。節奏同樣也可以像是在歌唱課一般，使用在直笛課上，利用此書之前章節所提到的四分音符、八分音符、十六分音符、和三連音的圖像：日、雨滴、淅瀝嘩啦、以及單音形式的毛茛花。

課程的結構

　　如果老師能夠計畫一年級和二年級一整年的音樂課程，那麼必須要安排有些時段來說說故事，可以強調音樂的神奇性、或是關於直笛的事、或為孩子們將會學到的歌曲，先在故事裡做出完整的介紹。要一年級和二年級的孩子整堂課都在吹奏笛子會是困難的，因為對幼小的孩子來說，音樂有一種出世的、興奮的效應。若沒有加入一些較為內在的活動，如畫圖或是聽故事的話，你將會有一群蠕動不安、脾氣暴躁的孩子。

三年級

介紹七音笛

三年級，可愛柔美的 *Choroi* 五音笛將要退場，我們要來介紹全音的直笛，以及弦樂器。許多學校寧可在這一學年進行得比較順遂的時候，才將這「正常」的笛子交到孩子手上，但我認為在學年一開始，就可以先提到新樂器的事，然後將他們已熟悉且較為簡單的歌曲從舊有的 *Choroi* 五音笛轉到全音笛的新指法上。不論是以上的哪一個時間點，做老師的將會發現在先前的年級裡根植於音樂課的紀律要求，如今開始顯現作用。我建議將新樂器第一次帶到課堂上之前，有必要仔細的思量第一次的介紹該要如何進行；如果班上有些調皮的孩子，他們會想要立刻將新的直笛亂吹一通，所以在上課前能在心裡將整個程序走過會是很好的。史代納自己也說，將直笛交給孩子，有可能會是個令人頭髮直豎的經驗。甚至連發出最大噪音的孩子也會抱怨說，整個聲響讓他們的耳朵都痛了！更別提班上另一些善感的靈魂了，這對他們更不會是個愉快的經驗。再一次地，妳需要指導他們如何吹氣，因為現在過度用力的吹氣會發出高八度的

聲音。同樣妳也要再一次地教他們手指指法，一次教一個音就好。全音笛會增加一種「交叉指法」的複雜度；吹到高音的音階時，有時候需要在笛子上往下移動一兩個手指的位置，才能吹出正確的音。

音階及其練習

一開始立刻教的幾乎都是 C 大調，我們也以 C 大調音階做為每節課起頭的指法練習。在這一學年開始不久，我已開始教 D 大調音階。全班還沒開始使用樂譜，沒有用樂譜意指老師對所有調性有著自由的範圍，可以按照旋律需求教導孩子吹出任何的升降記號的指法。沒有必要去解釋 C 音和 C♯ 音之間的關聯；只要單純地在整首曲子裡吹奏出它的位置，或是吹奏不同音階時會出現的升降音即可。在這學年結束時，全班將已經熟練 C 大調和 D 大調、可能正在學著 F 大調，也能吹出他們在二年級唱過的一些簡單的輪唱曲子。我讓班上同學每一天做一點點的手指練習。（請見直笛課的一些練習，練習 9 和 10。）介紹歌曲時，先從辨別樂曲的第一個音符是很好的開始。「這首新歌起頭的音是 G 音。傑瑞，你記不記得哪一個音符是 G 呢？」 這樣一來，一整年就

都能學習到音名（*pitch names*）。 孩子們或許會喜歡將這些音名另外取些「適合的」名字～可能是班上幾個同學的名字（*Albert, Beth, Carly, David* 等等），這能幫助孩子記住哪一個音是哪一個名，但可要避免過多可愛的名字，反而讓音樂體驗變成太瑣碎了。我發現最簡單的就是給孩子一個「回家」的名字當作與音名的第一個連結，在高音直笛我使用的是 G 音，就因為這音是最容易吹奏的。你一隻手拿起直笛來吹時，手指頭很自然就落在那個位置上了。

弦樂器

■里拉琴（*lyre*）

三年級，孩子第一次經驗弦樂器。可以這麼說，孩子的音樂體驗從物質身體逐漸轉移進入了周遭的空間。孩子第一個音樂體驗是歌唱，然後直笛是呼吸的一種延伸。在三年級的起始，孩子們手中握持著一把里拉琴，一種有著 10 條或 15 條弦、形似豎琴的小樂器。這種樂器需要以兩手臂環抱於懷，所發出的音輕柔甜美。孩子同樣經由模仿來彈奏出簡單的歌曲，只是現在音就擺放

在他們面前，孩子們以不同的方式經驗了旋律的位置。妳可以在課堂上使用小鐘琴（*chime bars*）以及其他樂器作為伴奏，賦予一種美麗的擁抱著的音樂質感，這將會讓孩子充滿了滿足。（這一種質感是直笛課裡所缺乏的，直笛的聲音品質比較明亮、也比較剛硬。）這階段的音樂體驗可以持續一整學年，想要的話，可以在四年級一開始放入小提琴；但是我絕對不會縮減或省掉里拉琴的時間。孩子們在主課程裡已經聽過亞當夏娃被逐出伊甸園的故事～他們已被告知這地球是個工作的地方，在孩子確實地對工作抱持著熱情與喜愛的當下，這可是讓他們去體會某些天堂記憶的機會 ～ 當史代納提到音樂更深層的面向時，他如是說道。「*里拉琴課是神奇的。*」

■小提琴

聖誕節過後不久，某天在三年級孩子的器樂課一開始，孩子們看到他們的桌上擺放著一個新的琴盒！老師站在前方，向班上學生介紹這一個新的樂器，或許先說說自己還是個孩子時，是如何初次見到小提琴的，或說個能引發孩子對這樂器的熱情與喜愛的故事。接著告訴孩子，他們可以打開琴盒，看看小提琴是如此美麗地

被妥善放置在這琴盒裡。孩子觀看著，同時聆聽老師解釋著提琴是如何的脆弱；要求孩子仔細看看提琴肚子上那細緻的琴橋，上頭高高撐起了琴弦。當孩子們得到允許，將小提琴從琴盒取出時，他們看到了琴背、並檢視著那細長的琴頸。再來就要將琴放回琴盒了，老師用自己的小提琴做示範，全班開始孰悉小提琴的其他部分。或許老師可以為全班演奏一首曲子，來做為這一堂的結束。

接下來的幾個星期，全班學習如何拿起小提琴、如何將之夾握在手臂下以利攜帶。他們以同樣的方式學習如何持弓，也了解琴弦是如何從馬尾巴的毛製作而成。他們練習開展手臂、將小提琴置放在下巴處、靠近喉嚨，以撥空弦的方式彈出音。進展是緩慢的，但老師還是可以讓班上回憶一些簡單可用的曲子，並以撥弦彈出，而老師以優美爬升的小提琴樂音伴奏，如此可讓課堂鮮活起來。（重要的是老師藉由優美的演奏為孩子帶來激勵。）最後全班拉空弦了。這一切都在老師溫和但堅定的紀律之下進行。當孩子練習第一個指法之前，他們應該已經學會對小提琴該有的正確姿勢、風度與態度。這對於你未來的弦樂課程是有加倍重要性。

再一次地，小提琴課裡可以採用與歌唱課其他樂器課相同的節奏練習。

四年級

接著是四年級、五年級和六年級的到來。到這個時候，你該已經將各種音樂記號、音符做了完備的解釋，同時也能夠完整地給予音階上的練習…。但在此真正必要的是：你要開始在相反的方向工作。孩子的注意力將要被引導到音樂主張；因此，音樂課程也要多導向美學藝術的面向。 …當孩子度過了頭三年的課程，在那兒孩子本身為第一考量；他必須確認音樂的需求是被視為一門藝術。

從教育上的觀點來說，那才是主要的考量。（注釋21）

魯道夫‧史代納 **給教師的三場演說**

熱衷於視譜

為了讓人對如何進行視譜有一個清晰的概念，請閱讀本書四年級歌唱課程的篇章，再佐以此處特別針對器樂所做的提示；因為我覺得在視譜上大部分的進展，很容易能在歌唱課時達成，而器樂課一定要學得的「技巧」，隨著我們一路走來會是更為本能與自然的。

這是視譜的一年！孩子們會在歌唱課時學習到基本

入門知識，同時希望所有的音樂老師（以及主課程老師）能一起努力，建構一些慣用語詞。孩子們會接受你稱呼八分音符為「雨 - 滴」，他們同樣也會接受弦樂老師稱八分音符為「布 - 魯」，但如果音樂上的教學能夠一致的話，對孩子和你來說，會更有美學上的愉悅。好歹這種音樂上的「嘈雜」（各說各話）不會持續太久。到了四年級或五年級的某個時點，你們都將以正確的名稱直呼其名～八分音符。在直笛課中讓孩子看五線樂譜。已教過孩子每條線與線中的空間的稱呼，或許班上可以被賦予機會為線譜上的英文字母，創造出自己的語句。(EGBDF ～ *Every Good Boy Does Fine* 是個文法不通的句子，我想我也被這句子卡住了。但至少我可以請我的班級來想個更好的！)

　　想要的話，你可以充滿創意。我見過一位老師所做的美麗描繪：一名修士試著要找出一種能將旋律變成圖畫的方法，就在一個有著月光的夜晚，他突然被窗外帶著葉子的枝條透過月光投影在桌上的畫紙上影像震懾住了。也許是那飛掠枝頭的夜鷹，給了他畫出穿梭在五線譜那些音符的靈感吧！音符的名字就是修士在修道院裡其他弟兄的名字。這讓孩子們在音樂工作本上畫出一幅

美麗的圖畫。不過我覺得，有些時候，給了過多的「窗戶裝飾物」的華德福老師是有罪的。你並不需要每件事都得說個故事！直接呈現出五線譜的線與間不會有什麼壞處，給予一個可以放上音符的「架子」圖像，這樣我們就能看出所說的是哪一個音符。如果那年你已經開始從「日」、「雨－滴」等圖像，轉移到樂譜（見四年級歌唱），那麼孩子將對打擊樂器所用的單線記譜感到熟悉。他們很容易就能抓到這個要點，如果出現了比打擊樂的單一音符更多的音符，一定就需要比一個位子更多的空間去寫出來。　畢竟，音樂記譜的系統是很隨性的，裏頭沒有什麼是「真的」，除非那是我們自己的經驗，一個高音符號，事實上是高的。魯道夫‧史代納建議「直接從音樂上的事實去教導孩子，不要有任何令人困惑的理論。孩子們應該對初級音樂有一個清楚的想法。…這樣將能幫助減輕在音樂中無專業能力的這一部份。」我並沒有借助故事來介紹樂譜的「元素」，也沒有發現孩子在音樂體驗中，會有混淆或是迷惘，但他們感激這種明晰。尤其當大部份的音樂詞彙已經在歌唱課時介紹給孩子，那麼一個班級就能夠相當快速地進展到看譜的階段。

　　提到視譜，請記得你正要介紹一種相當複雜的系統給孩子認識，你也必須清楚明白它所具有的不同面向。這簡單的五條線可是負載了許多的資訊！每一種獨特的譜號裡（高音譜號或低音譜號）其音符的範圍、包括所彈奏的是哪一個主音、音樂裡隱伏的拍子、它獨特的節奏、每一個音符的音高、以及提示旋律的大致流動、音符該要如何維持多久、如何表現它（加強音 stressed、斷奏 staccato、圓滑音 legato）、整體上曲子的動態變化（弱 p、更弱 pp、中強 mf、很強 fff，以及漸強 cresc. 和漸慢且弱 dim. 等等之類）參照作曲家為表明意圖所標註的各種指示、還有調式及相關的速度來彈奏 ～ 哇呼！有好多要去注意的！重要的是別一下子試著做太多，將事情變得複雜，也把孩子搞糊塗了。老師應該清楚地將全班的注意力聚焦於音樂的某一個方面，一次一種。節奏可以也必須和音符的辨識分開進行才好。

直笛的初步視譜練習

　　這和唱歌時的視譜是相當不同的技巧。我們的聲音算是蠻無意識地就唱起歌來。我們內在聽到了一個音或是一段曲調，於是就唱起來了，不會察覺聲帶是要如何

在不同的音之間做任何調整。我們甚至想也不會想到這個。我們就唱了。然而在器樂的演奏上，你正在視覺的記號之間～樂譜上的音符，以你的手指去建立出一種連結。到了四年級，有意識的意志（但願如此）已能駕馭手指頭～到目前為止，所有對孩子的教育這是其中的目標。演練音符是需要的，也是重要的，如此才能將五線譜上的 A 音和手指在直笛上的位置連結在一起。它最終必須像運用聲音一樣變成無意識。

　　我將 C 大調音階寫在黑板上開始視譜練習。當我一個個指著音符，全班就吹出那個音符。當他們適應了這練習之後，我給了警告我將作弄他們！現在我在音符中上上下下、重複某音、時而回溯，一個往上的音和一個往下的音。G 音是容易記住的，於是我從 G 音開始，我「吹奏」一首曲子並用手指指出音符。像這樣子，每一天做同樣的練習並持續數個星期，全班將能夠演奏出一首簡單的旋律；你將這旋律寫在大的紙張上，課後可以拿下來，第二天再掛上去。當然班上有許多孩子只是用耳朵聽來吹奏，根本不看譜。繼續這樣的練習。隨著這一年的進展，越來越多的孩子會逐漸抓到要領。當你第一次發給孩子他們個人的樂譜時，可別太驚訝。他們

不會讀樂譜！當孩子們一起看著黑板上的同一物件的時候，他們是以一個群體來學習的。而開始以個體來視譜時，會有許多孩子顯得相當失落。第一份個別樂譜，最好是孩子們已經在黑板上看過許多次的音樂，老師再度複習，指出高音譜號、音符、節奏、就當作他們從來沒看過這曲子一般，這也會很有幫助。（有些孩子的確是第一次看到，因為他們最初就不是有意識地看著黑板！）

及早開始讓孩子以小組的方式來視譜。別讓較弱的孩子覺得他們可以在群體裡迷路，這樣無法鼓勵他們為了必須讀懂付出努力。在群組裡可能會有一些孩子，對他們來說，樂譜不具任何意義。閱讀障礙、注意力缺失、以及一些可辨識出的學習差異，使得音樂符號對某些學生來說變成極度困難。而你會帶領班上這些孩子許多年的。現在我為一些七年級學生，重新教導他們直笛課程，因為他們在第一輪的學習時無法得到要領。我很高興的是，他們仍然保有興趣，也渴望能熟練這項技能。

對於很快地就進展到二部合音不需猶疑。第二部可以相當地簡單～ 從頭到尾只要一個音或兩個音，你可以讓班上手指運作不像其他人那麼快的學生來擔任這一

部。此外，如果你有一個大的班級，也可以加入一些打擊樂的譜。就算還沒有技巧來讀譜，他們應該有能力以耳朵聽就能吹奏一些相當快的樂曲。小提琴曲調特別適合這個年紀的孩子，全班將會很愉快地接受這種挑戰，看看自己能吹奏得多快！

終於，你還是要給他們一張張的樂譜。盡可能地簡單介紹調號（*key signatures*）就好。「那就是說，所有在這首樂曲裡的 *F* 音，都是升 *F* 音。有誰記得升 *F* 音要如何吹奏呢？」準備好以簡單的回答來回應各種針對樂譜上的疑問，而這些音樂樂譜是你在這一整年內會給與孩子的。對於調號更多的意涵，我會留待歌唱課時再予以解釋，我相信這類問題在歌唱課來處理會容易些。（見五年級，發展視唱的技巧之章節）

給主課程老師的留言：可以開始學習中音直笛（*alto recorder*）的手指技巧囉！

小提琴

小提琴課程的進行，就和直笛課程一樣。最先全班統一彈奏，到了學年中途，他們就該開始一些簡單的合奏以及二部合奏。一整年的課程裡，孩子從模仿和耳朵聽音

的方式學習，進入到能看懂簡單的樂譜，或許還能進展
到中級的階段，學習音符與弦樂手指位置的聯結（也就
是，第四根弦、第三根手指）。鈴木教本 *Suzuki Method*
的方式特別能和其他的音樂課程相容，小提琴老師應該
也可以從那系統裡，採取適合可用的素材。到了四年級
的期末，小提琴教學應該要使用一本簡單的練習本。

註 釋

21. 魯道夫·史代納 **給教師的三場講說** *Three Lectures for Teachers* 之 "第三講"

五年級

直笛家族

到了五年級，許多華德福學校會介紹直笛家族其他的成員，至少會介紹中音直笛（*alto*）和次中音直笛（*tenor*），只有少數的五年生會有夠大的手來練習低音直笛（*bass recorder*）。可以有許多不同的方式來進行。中音直笛嶄新且相當優美的聲音，會在班上掀起一股新鮮的熱忱，老師可以運用這點讓先前還未熟練讀譜技巧的落後者有個全新的開始～因為他們尚未學會高音直笛的手指技巧，所以不會被這樣的改變混淆，同時他們又大了一歲。對這些新的中音笛學習者，或許可以在課堂外的時間，另行安排一些獨立的課。另一種選項，是我自己比較喜歡的，就是將中音直笛交給你最好的那些吹奏者。因為他們會學得最快，而其他人可以繼續練習高音直笛的手指技巧。還有另外的方式，就是在五年級，全班一起學習中音直笛；有一些嫻熟的好手可以輕鬆地回去複習高音直笛的手指指法，同時還能加入次中音直笛的指法練習。

對那些有著大一點的手並且已經適應讀譜的孩子來

說，次中音直笛是很好的笛子～他們只需要適應較大的手指間距，因為這指法和他們已經知曉的高音直笛指法相同。班級老師必須選擇一種選項會是最適合自己的班級。在此我們並沒有談論到低音直笛，雖然它運用的指法和中音直笛相同，但是它會用到低音譜表，這也多了些複雜性。對這點，我擔心會需要額外的課程時間。當所有這類調整都在進行的當下，似乎你原先美好的直笛技巧暫時消失不見了。勇氣！全部沒有消失！

一旦班上已經熟練了這些不同的直笛，曲目的問題浮出。整個班一定是要繼續練習視譜技巧，但提供練習的資材這份差事，突然變得更複雜了些。這時候，一份好的直笛譜本就是救星了。你的同事也有可能在家裡積藏了一些音樂樂譜。問問他們吧！

為五年級和六年級的孩子尋找適合的直笛樂譜時，可能會感到相當茫然。走向美麗的文藝復興時期音樂是一種誘惑～那兒充滿了為四重奏與三重奏所寫的樂譜～對孩子太早，只有最簡單的樂曲才適合。文藝復興曲風的音樂常會是相當華麗，尚不適合這年紀的孩子們。高年級的歷史課程在此也派不上用場，無法給予指引。對於古老的音樂聽起來是如何並沒有紀錄，雖然我們知道

當時所使用的樂器是什麼模樣，但沒有線索去得知希臘
或羅馬時期的音樂。對於六年級的音樂，歐洲早期教堂
素歌是最多可以採用的。

我覺得最好就是遵循早期的音樂或是民謠。你瞧，
我舉個例子，編排地方／國家的民謠歌曲和地理課程相
輔相成。這樣的音樂在和聲和形式上是簡單的。你當然
可以介紹莫扎特和巴哈，任何簡單的「經典」給孩子
們。他們也可以學著吹奏在合唱團所唱過的歌曲。在這
個年紀，班上會有一些已經有上個別器樂課的孩子。別
猶豫，請他們帶著自己的樂器到班上，你可以組成一個
「交響樂團」，讓他們每週有兩個早上，來練習二十分
鐘。各種形式的打擊樂，能為單純的直笛樂曲加上火
花。音樂課繼續全面地發展孩子們各種的技能，必須要
重視讀譜能力，尤其是那越趨複雜的節奏。也可以介紹
簡單的切分音型式，以拍手來打節奏（1 and 2 and 3 以
及 1 and 2 and 3 and）。班上應該拿掉圖像式語言來說
明節奏，除非必要讓孩子了解某個困難的節拍。

繼續音階的練習，這可當作是直笛練習時的暖身。
現在會多了點複雜性，因為在班上有兩組不同指法與音
域的笛子，但它們還是有可共奏的音階，例如 F、G、

和 A 調能夠在這些不同八度中被吹奏出來，同時高音
直笛也需要去學習高出五線譜譜線外的加線音符指法。
你可以將這些需以加線表示的高音音符寫出來，邊吹奏
邊指著音符讓孩子們熟悉，就像你在四年級時所做的一
樣。這是亮出你前一年私下練習直笛成果的時候了。如
果老師能夠游刃有餘地從一種直笛切換到另一種直笛，
整個班將會對此印象深刻。

各種弦樂

　　在我現職的學校裡，這一年也是孩子們要認識諸多
提琴家族分類的時候。由老師選擇那些學生來拉中提琴
以及大提琴，提琴樂本在此會很有幫助，因為相同的曲
子會以不同的譜號標示在樂本裡。我覺得在這一年的課
堂裡，孩子應該要學著去幫自己的樂器調音，雖然一開
始這對老師敏銳的耳朵是種折磨，但這時班上也需要有
另一位老師在場輔導調音，避免琴橋或琴弦有所損壞。

新樂器的提供、費用與保存

　　隨著孩子的長大，學校的花費與個別家庭的開支也
跟著水漲船高。班級分為不同的直笛群組與不同的提琴

群組，其中所產生的費用或許是來自父母這一方的額外支出，也或許是學校這一方作為一種投資來提供樂器。你大可簡單地請家長來提供。許多家長有能力也絕對願意來做到此點。在我現任的學校，我們有一個系統極為可行，也相當實惠。我在此將其有價值之處提供出來：

　　有一年學校撥出音樂預算裡的額外資金，買了五支或六支中音直笛與次中音直笛，以及幾支低音直笛。這些樂器就出租給五年級的家庭，一年的租金約莫是笛子價格的三分之一。所得的租金被用來購買更多的直笛，好讓下一年度的五年級生使用。第二年，原來的直笛由現今六年級生繼續租用，新直笛所得來的租金再用來購買直笛，以供下一年度的五年級生使用。以此類推，也就是新直笛和前一年所購買的直笛（資金來自前一年所得的租金），都加入出租的行列。

　　同時也因為班上總會有一些家庭會自行購買孩子的直笛，所以在兩年之內，就從頭一年的原始投資金額發起，學校得以提供一個可再生的音樂預算及足夠的樂器來供給各班級使用。在孩子租滿三年後，即將進入高中之際，我們可將其原本所租的直笛就給予孩子，這實際

上也是可行的。因為在三年後,整個音樂資金已經成為自我再生的資源,每年能有足夠的金錢為新的五年級生提供新的直笛。

每個學校必須要計畫如何為孩子們提供小提琴。在許多學校裡,家長都很願意自行提供,並視為是自身義務的一部份。然後到了每個學年末,就會舉辦一場「交換聚會」,從中尋找較大尺寸的提琴,賣掉太小的舊琴等此類之事。而在一些學費高昂且收入較低的地區,學校可能不願意多增加家長們的負擔。那麼學校必須舉辦募款,以購買適當數量的小提琴、中提琴、大提琴,讓學校的弦樂計畫得以有個開始。接下來樂器就以出租的方式,很像前一段所描述的直笛計畫一樣,在當下那年就能夠有多出來的「弦樂資金」。出租產生的金錢就能成為將來購買更多樂器的起始資金,同時也能成為將來維修所需的財源。

在計畫你的音樂開支時,可別忽略了適當的倉儲,那是必要的,長期下來將能省下可觀的金錢、時間與麻煩。

除此之外,當然還有其他的資金需求,如音樂部門

的主要支出為譜架、樂譜、此類種種。負責音樂的「管理者」必須要確保在學校的年度預算裡，可別遺漏了音樂這一項目！

高年級

在七年級和八年級最後這兩年，我要求大家去注意，別再讓孩子有被「操練」的感受，孩子反倒應該已經有著研習音樂是因為帶來愉悅、因為喜歡去享受音樂，音樂本身就是目的這樣的感受。這是所謂的音樂課該要努力朝向的目標；於是在這兩年中音樂性的品味要能被形塑。

可以帶出藝術美學裡不同音樂作品的獨特性質；於是貝多芬或布拉姆斯音樂作品裡的特性就可以脫穎而出。透過簡單的形態，孩子應被帶到練習音樂評論。在這個階段之前，所有對音樂上的識別都應該保留在後，但現在可以被培養了。（注釋 22）

魯道夫‧史代納 實用教學指引

六年級、七年級與八年級

我決定將這幾個年級放在一起，因為隨著孩子升上高年級，很明顯地，音樂上的教學也有著它自己的步伐。所有基本的概念都已經介紹出來了。剩下的，就是盡可能地經常運用。在這幾個年齡層，若你的班級仍然

排有個別的音樂課程，就繼續深耕之前所帶領過的各種音樂的面向，尤其是在六年級，讓他們都能相當熟練為止。

器樂課程～排課的建議

在我現任的學校，我們採用一種編課方式，這些年來運作的極好。整個六年級、七年級和八年級生一起參與器樂課程，就像他們參加合唱團一樣。在這段樂器演練的時間，我們將這個大的群體分為三組（分組的多寡是不定的，依據有多少具有專技的老師能夠來帶領這些組別而定）。

有一組是弦樂組。這一組的孩子通常在三年級就已開始學習小提琴，還包括對新樂器中提琴和大提琴拉得不錯的孩子。另外，有顯示出潛力但目前還有待加強的孩子們，如果他們課餘有另外和老師上個人音樂學習的話，也可以進入這個組別。（這老師若是我們自己的弦樂老師是最好的～可以接續計畫中的音樂課程，也能夠幫助填補老師的教學空檔，提供老師額外的收入，讓他們有足夠的收入在學校任教。）

第二組是吉他／烏克麗麗組。找出適合他們樂器的

音樂並加以練習。這組的孩子們包括在中年級時轉學就讀，還未能具備其他同學在小提琴上的背景與優勢。一般來說，他們剛開始接觸音樂，通常也還在下午的特別課程裡學習初級的直笛吹奏。

第三組是個管樂隊班。這些學生已經拉小提琴好幾年，已經以各種的方式顯現出小提琴絕對不是他們的樂器（有需要的話，可請弦樂老師詳細說明！）。大部份使用租借的樂器，這些孩子在六年級重新學習一種新的樂器，銅管樂器或是木管樂器；因為視譜對他們來說已不陌生，通常他們進步得很好。在他們選擇哪一種樂器時，是需要一些指引，我們會從學生的氣質及合奏團的編制來做考量。（有一年，我的團裡有七支薩克斯風！）這個班使用管樂隊教科書，且要到全校最有隔音效果的教室來練習。希望這個班的老師能具有良好的幽默感，懂得移調換位的知識，更好的是真能有一個樂隊老師來帶班！藉由這個樂隊班，我們可以提供我們的高中交響樂團具備必要的音樂技能的銅管和木管樂手。

如果想要的話，你也可以在這期間安排一個直笛班。為那真正喜愛直笛樂曲的孩子，或是較晚才轉學進來，在過程中需要學習基本的音樂技能，才有能力在課

堂上和同學併肩吹笛的孩子。

不同班級裡的直笛課

在這些年級裡，可以在早上的主課程中繼續直笛的吹奏，就算只有十五分鐘左右也好，歌唱也可以同樣方式進行。華德福學校裡的歷史課綱可說是相當獨特，六年級從古希臘延伸到中世紀、七年級的文藝復興時期、八年級則是從啟蒙時期 (*Age of Reason*) 一直說到現代。另外，地理課的範圍也不遑多讓，寬闊無邊，所以有非常充足的課程內容，其中不難擷取可配合的音樂來用在早晨的教學活動裡。亨利八世所寫的「國王的民謠曲 *Pastime with Good Company*」特別受到七年級和八年級生的喜愛。全班現在都能夠彈奏，通常也能即興看譜彈奏四個分部的文藝復興時期與巴洛克時期音樂，同時班級主帶老師現在應該也覺得有足夠的能力來指揮了。合唱團有能力唱出像是布里頓的「耶誕頌 *The Ceremony of Carols*」這類的曲子。在弦樂團，有可能正在練習的曲子是帕海貝爾 *Pachelbel* 的卡農 *Canon*。若一切都進展良好的話，音樂已然成為一種喜悅，如同孩子初入學那些年，在早上聯合全班一起共同沉浸在美好與和諧的體

驗裡，讓孩子們深刻地感到滿足。 從而做更多的是，為那些已經奠立了音樂基礎的孩子，如果你願意的話，為他們日後的人生提供一種心魂的語言，甚至超越進入死亡之後的世界。

如果你讓這樣的思維在你的內在成熟，並承載必要的熱忱帶入教學，意識到正是在小學階段藉著發展出孩子們對音樂與演說 (speech) 的鑑賞力，你正在為他們準備他們能帶著走之物，甚至到死亡之後。對此我們本質地貢獻我們在孩子的小學時期教導他們音樂與演說時，所帶入的每一件事物。如此給予我們相當的熱情，因為我們知道自己正在為未來做著努力。我們將自己的力量融入未來，我們將使音樂－演說的胚芽與某物一起運作進入了未來並結出成果，就在我們擺脫物質身軀之後。音樂它本身是一種反射，在空氣中它映照出天體 (celestial) 的球體， 也因為這樣它變得物質化。從某種意義上來說，空氣是個媒介，讓音變得物質化，就像是在聲帶裡的空氣讓說話得以物質性地出現；而那存在於音樂－空氣 (music-air) 及存在於演說－空氣 (speech-air) 的非物質性，在我們死後揭露出它真實的活動。這為我們的教學注入了一定的熱情，因為我們了解當我們致力

於音樂與說話的工作時，就是為未來做了些事。

於是你更清楚瞭解了怎麼一回事，我樂於也該要在此提及，音樂最主要存在於人的星芒體。在死亡之後，人仍會帶著其星芒體一段時間，一直到完完全全捨棄為止…在這段時期，死後依然留存在人之內的，是一種記憶；只是一種地球性音樂的記憶。因此，人在生前所接受到的任何音樂，都會在死後，以一種音樂的記憶繼續活動，直到人的星芒體被捨棄的時間到了為止。然後，在死後的生命裡，這地球性的音樂被轉化成為那「天體的音樂 music of the spheres」，以這樣的形態，持續到下一次出生前的某段時間點…。

對你來說，整個事情將會更容易明瞭～如果你知道人在地球現世裡所吸收到的音樂方式，會在他死後塑造他的心魂－有機體（soul-organism）這部分，扮演著非常重要的角色。那有機體是在這個階段在那兒被形塑出來的。… 我們提供了可能性，如果他們在死後的那段時間，在還保有著星辰體時，能夠擁有許多音樂性的記憶，使人可以在他下一輩子的生命裡有著更好的成形。

〔附錄 A〕
給學生的個別課

歌唱課程

　　有些時候你會遇見這樣的孩子，他在音樂性上的傾向，促使著家長（或許，有時是孩子本身）有著一種想望，想讓孩子在幼年即有優秀的音樂表現。有過兩次，我遇到幼稚園家長詢問我是否能推薦一個聲樂老師！我的回答是很斷然的「不！」 孩子的聲樂訓練，如果真有這個領域存在的話，是個危險地帶。在這本書裡所提及的，當成人學生考慮接受聲樂訓練其所要求的條件，若放在孩子身上絕對是更重的負荷與壓力。他們的聲音幾乎還是原型狀態 (archetypal)，唱歌應該也幾乎是無意識的。你不會想要一個年幼的孩子是被導引聚焦於如何唱歌。太過早的訓練將會鼓勵孩子「塞入」一個錯誤的個性到他的聲音裡，通常導致的結果是可憎的，賦予孩子一種炫耀的質，和此連結的形象不外乎一頂可愛的高帽子和閃亮金屬片的衣裝。它讓孩子的注意力放在「製造出」聲音和表演，而失去在這個幼小年紀所該體驗到

聲音的永恆之美，那該是來自宇宙，而非來自於他們自身。無論如何，別讓孩子在六年級（至少那時候可在星芒體上運作）以前做聲樂上的訓練！

那就是說，當孩子被老師要求在高年級班上戲劇演出擔綱獨唱角色時，我們還是有許多可做之事來幫助孩子。通常孩子會放太多的氣息在音上，而「遮掩」了自己的聲音，像是加上面具。這種唱法會有一種很甜美、低語般的音調，舉個例，常被藍調歌手加以詮釋運用，但在孩子身上則會讓聲音很難去聽得清楚。我和這樣的孩子工作過～通常是女生，因為她們很願意在這樣的情境下站出來唱歌～我要她們將要唱的音放到氣的「上面」，而不是包裹在空氣毯子裡頭，像團棉花一樣。在此種境況下，以各種類型的圖像來解釋會很有用。例如在夏威夷這兒，去想像那音符就像個衝浪者，騎在彎形海浪的前端，就是個很好的意象。所以如果你的氣超過了音，跑到太前面了，可得小心！尤其重要的是，老師要能夠給孩子做示範，甚至以一種愛的方式、誇張一點來模擬孩子的狀況，然後再以正確的方式唱歌，做出一個強烈的對比。史代納對此有著下列的說法，源自**音樂的內在天性與音調的體驗** *The Inner Nature of Music and* *the Experience of Tone* 系列演講。 不過，你當然要以孩子能夠理解的語言來轉述。

　　想像有一個人站在地上。當然這人是可以站在上面；要不然他就不會在那兒了。然而，你不會想要藉著他所站的土地，去了解一個人。相同的，音是需要空氣來支撐它。就像是人站在堅固的土地上，於是以一種更為複雜的方式，音有著它自己的土地，它的抗力存在於空氣之中。空氣對於音的重要，並不少於土地對於站在其上之人的重要。音急著衝向空氣，而空氣讓音能夠站在上面。

　　無論如何音本身是靈性之物。就如同說，人類和他所站的土地是不一樣的，那麼音也不同於音在其中升起的空氣。自然地，音以多種的方式、以複雜的方式升起。

器樂課程

　　對一個孩子應該學習那一種樂器做出評論，這部份超出了此書的範圍，也在我的能力之外。很明顯地，你絕對不會給土象氣質的人一把長笛去吹；風向氣質的孩子有可能會對大提琴、低音大提琴那渾厚豐富的音質一

見傾心，但那緩慢的持弓動作並不適合他們。除了這些基本的觀察之外，對樂器的選擇是要班級主帶老師和音樂老師去分類出來。

個別的器樂學習課程最好緩一點進行，等到孩子的音樂性存有（*musical being*）已發展到足以承受概念式學習的猛攻。（這點倒不適用於 *Suzuki* 方法和其他著重於聽音彈奏的教學方式。）一旦孩子已經過了四年級左右，就應該積極鼓勵孩子去上個別器樂課程。唯一的例外是孩子要求去學喇叭及簧樂器。任何一位好老師都會建議再緩緩，因為橫膈膜和空氣進出的通道，都需要成長到擁有一定的力量，才能承擔吹簧樂器吹口所需的壓力。四或五年級是足以學習這些樂器的時候。

任何對於史代納必要提及的有關學習可怕的鋼琴這個主題已感到困惑的老師，面對低年級學童的家長詢問鋼琴學習時，或許保持緘默，或是建議學習里拉琴或是豎琴。已獲得資格的，我認為孩子可以在中年級開始學習鋼琴。畢竟即便在華德福學校，鋼琴手為優律思美和合唱課程伴奏是被高度珍視和需要的。

〔附錄 B〕

幫助「嘶吼者」找出音調
── 和個別孩子一起工作

在教學的這些年來，我曾遇過幾位「不會唱歌」的人。對於無法正確地發出聲音音高的人有各種不同的術語。有時這樣的人並沒發現到自己「無法將音裝入一個籃子裡」並且唱得活力十足，他們的音高比其他人至少低了半個音；有時這樣的人在其他環繞身旁的人唱歌時，安靜地坐著，被認定是音痴。認為他們「有問題」，人們已經告訴他們不會唱歌所以他們不唱。幸運的是，孩子在他們低年級的時候，在同學之間或在他們自己身上，並不會發現到這樣的問題。是故他們有時間成熟到十歲左右足以單獨面對，某天老師很有技巧地將他們拉到一旁，「因為我想要聽聽你們唱歌。你們有注意到嗎？當你們唱歌的時候，你們也做了一些有趣的事情。」

先要求某個年輕女孩仔細聽清楚，然後你唱一個

音，請她唱出同樣的音。或許只是她在課堂上沒有花時間或沒有努力去仔細聽清楚，班上同學們的聲音淹沒並混淆你在每一首歌曲一開頭發出的音。雖說最有可能的是這孩子只是還沒學到和其他人一起「調音 be in tune」是什麼樣的感受。（這個語詞在此可真是有趣的聯想啊！）

　　請孩子唱出一個音，任何一個音都行，或者請她唱出每天早上全班一起唱的那一首歌。當第一個音響起，無論音高如何，你就加入一起唱。她可能看來吃驚，因為這或許對她而言是個新的感受，如同當作鄰居一般地分享同一個音。由任她改變音高，就音樂性上，讓她帶領你一會兒。然後使用手的姿勢來引領她，將音提高一個全音並要她跟著你唱。這樣重複許多次，以她給你的原始音高，高或低一個或兩個全音來做練習。她需要先起音，然後你跟著，在音樂性說法上她帶領你，重複做許多許多次，直到她能夠憑聽力辨別出你的聲音為止。大量的讚美也將能增強她的信心。到了第二次或第三次課程，你將能引領她唱出你唱的音，需要時就以手勢來幫助她找到著力點。我發現孩子通常變得對這種新的體驗感到興趣，甚至在歌唱課中也不會介意在班上如果你

一次又一次地藉著站在她的附近並用手勢給予她一點點「忠告」來給他私人的協助。如果你做的夠細膩的話，她的同學也不會揶揄她～因為坐在一名「嘶吼者」的旁邊，對孩子們來說，可是一個難受的經驗，他們將會被緩解，這比什麼都重要。

　　孩子經常是，尤其是當他是男孩時，會被一種說話的音鎖住在胸腔的深處，那麼訣竅就是要讓他發現一個更高的唱音。這將會需要無比的幽默感，最好能遠離其他的同學來完成。試試要他發出一個警報器的聲音，或者像一匹狼一般的嚎叫。（這就是需要幽默感的地方。你必須要先做示範！）一旦他抓到了一個既好又紮實的音，你就在那個音高上加入他！就從這裡開始了過程，如果它可以被稱為過程的話，同樣地孩子每天透過含糊不清的方式學習唱歌。無論如何那音需要是細緻的和柔軟的，這將需要一些時間來穩定和成為一個優美的聲音。

　　如同我在唱歌的章節裡說過，有些時候，你完全不需要做任何事，只要提供一個清晰穩定的音高給班上做一個好的示範。在好幾年的過程中，一些在一、二年級對於班級歌曲的歌詞總是含混不清的孩子，到了四年級

時並不需要老師額外的協助，只需要溫暖的想法與鼓勵的微笑，就已經能找到自己的聲音。

〔附錄C〕
一份簡要的建議課程

一年級

唱歌 簡單的五音曲子。老師有時候以手的姿勢來表示音高。預備的手指練習。當班級已準備妥當時介紹五音直笛。

二年級

唱歌 老師賦予更清楚的音高指示,也可以成為遊戲。口述和拍手的節奏練習。可以畫出某些歌曲「旋律圖畫」。

直笛 繼續五音直笛的練習,吹奏更為複雜的曲子。以音高手勢比出單音或兩個音來做為直笛的練習。使用圖畫式的語詞(*picture-words*),以單一音符做節奏練習。

三年級

唱歌 可以在這一學年的後段,發展出簡單的輪唱。繼續維持節奏練習,並發展節奏性的「輪唱」做為整學

年的進程，仍然使用圖像式的語詞來解釋各種的音符時值，直到學年結束。唱大調音階。介紹歌曲中的小調三度。大三度和小三度調式的特徵與辨別。想要的話，可以介紹小調音階。

當班級已準備好時，介紹全音直笛。C 大調音階，可以用「*The jump*」作為手指練習。僅以模仿的方式來吹奏直笛。過些時日，想要的話可以加入 D 大調音階。民謠曲子是音樂的好來源。

里拉琴 當作弦樂器的介紹。開始小提琴。

四年級

唱歌 每週一次的班級課，每週還有另一次的課程作為少年合唱團的一部份。音程練習。簡譜的介紹。以節奏的練習認識簡譜。用拍手進行更複雜的節奏，並學習輪唱的節奏。合唱團裡的分部合唱，四年級通常有能力唱高音部，可以從樂譜上來讀唱。開始解釋樂譜上的基本要素。

直笛 認識音階上的音符以及音名。使用音階來指出音符並吹奏。在黑板上視譜。簡單的和聲。之後從每個人個別的樂譜來視譜。高音直笛二部及三部合奏的音

樂。老師應該開始學習中音直笛的指法，作為五年級教學的準備。

小提琴 以全班一起的方式持續提琴的學習。發展更多的技巧。從聽奏到看譜奏的轉換階段，孩子們優先學習琴弦及指法與每一個音符的關聯。在黑板上寫出音階，指著音符彈奏。在這個年齡，使用一本簡明的工具書當然是可行的。持弓的指導以及弓法符號。（例如，全班一起在空中拉弓，同時口中唱出歌曲的旋律）。二部合奏。

五年級

唱歌 班級持續少年合唱團的練習。維持音程的練習，偶而測試一下孩子，看看他們正在發展中的個人技巧。期待他們在視唱能力上，有更快的進展。調號上 *do* 的位置，能以音符上的音名唱出簡單的曲子。讀譜能力更有進展。你應該期待他們在兩到三次的合唱課之後，相對於在四年級唱出的旋律，能夠唱穩自己的聲部。以「直上天堂 *Ascending to Heaven*」的練習，來做精細的調音。

特定音程的辨識以及被要求時能唱出較低音程（一

直到完全五度）的能力。

直笛 介紹整個直笛家族的其他成員。我建議對於最有音樂能力的孩子，可教導中音直笛（*alto recorder*）的指法，其他的同學繼續在高音直笛（*soprano recorder*）技巧上琢磨，一些孩子可轉往練習次中音直笛（*tenor recorder*）。在一個 25 人的班級裡，5 到 6 個中音直笛、3 到 4 個次中音，加上一個低音（*bass*）會是很好的平衡。（請見前文有關五年級，如何教導這些樂器的建議。）

弦樂 為選出的學生介紹中提琴（*viola*）和大提琴（*cello*）。繼續視譜、音階和弓法的練習。

為了確保進展，在所有的音樂課程裡，時常給些音樂測試。一份五年級簡單的音樂測試範例，收錄在直笛練習章節的結尾。（請見練習 13。）

六年級、七年級、和八年級

主課程 在主課程裡，想要的話可以開始組一個「班級交響樂團」，邀請班上拉小提琴、中提琴和大提琴的孩子們每天早上拿出他們的樂器；當然持續再精練直笛技巧也是很好的。更複雜些的四部音樂。期許班上大部份的孩子開始直笛視譜吹奏。從早期的文藝復興時

期音樂到巴洛克時期音樂，可做為班上讀譜之用。

弦樂 選出的或是個別學習的孩子們，繼續弦樂的練習。

管樂的介紹 對於剛轉學就讀的學生、或認真思量想學另一種樂器的孩子、又或是對弦樂器不那麼拿手的孩子來說，管樂器是個全新的開始。這是在學習某個新樂器上，能獲得手指指法、視奏等技巧的另一次機會。

為那些在高年級轉入就讀的孩子，應該給予恰當的直笛課程補充教學；同時你也會想到一些在先前還無法好好視譜吹奏，現在已是六年級生、七年級生和八年級生的孩子也會想要加入。同時班級主帶老師也可以指派學生來學習。或許可以考慮收點費用？在我們的學校，這種課程是開在放學後的下午時段。

成立高年段合唱團來做為一個表演團體，學生含括六、七、八年級生。

器樂的音樂課程也有安排，每週會有兩次或三次的上課時間。在弦樂團、管樂隊、或直笛社六到八年級學生合併一起上課。（其他種類的樂器團體也可納入這樣的方式，要看學校裡老師的興趣與技能而定。例如，能有一個文藝復興直笛小組會是件很美妙的事，或舉例是

一個吉他社或者打擊樂團。）在所有的團體，音樂能力
與技巧是要持續追求的。在這些年級裡，如果有足夠數
量的學生，他們個別學習交響樂團裡的樂器的話，那麼
成立一個交響樂團是很可行的。在這些年級及其以上的
年級或許需要聘請一位專業的指揮。學生們應該已經發
展到一個程度，超出了業餘愛好者的教導技巧了，除了
他／她是一名非常熟巧的音樂家。

高中

交響樂團和合唱團的演出品質是被期待的。

歌唱課的練習

　　1. 以下的節奏練習，適用於整個低中年級。一開始讓孩子朗誦文字，逐漸地帶領到了三年級和四年級時，讓他們以拍手來拍出節奏。在休止符的地方，與其只是保持安靜，不如讓孩子發出「噓」的聲音會更好。在八分和十六分休止符上，無論在節拍上還是在節拍中，都讓全班以嘴唇示意，無聲地說出「*rain*」或「*drop*」，以及「*Pitter Patter*」。這些到了四和五年級，可以使用不同的打擊樂器發展成相當複雜的輪奏。

sun　sun　raindrop　sun,　　pitter　sun,　pitter　sun　raindrops　sun　raindrop　sun
　　　　　　　　　　　　　　　patter　　　　patter

sun　sun　Shh　sun　　raindrop　Shh　pitter　　sun　　raindrop　Shh　Shh　　sun
　　　　　　　　　　　　　　　　　　　patter

2. 這是我用在二年級課堂上，第一次介紹記譜音樂時所用的第一首歌。我們徹底地學會這首「小小馬兒 *Little Pony*」，並且在每一堂音樂課的開頭，都會用到這首歌。我們以各種不同的方式來唱：像一群粗魯的巨人、像一束束的陽光、像天空中高飛的泡泡。有時候我們就只是一遍又一遍地唱，一次比前一次的音再爬高一些。孩子們邊走邊唱，往上的音就向前走，往下的音就倒退走。我們都以手來表示上升的音與下降的音。有的時候我們用手指頭沿著手臂或沿著桌面「走」音。

　　然後有一天，我讓他們看到當我順著走並表示音高時，它看起來是什麼樣子。這首歌曲裏頭有著小山丘喔！然後我一邊唱一邊在黑板畫出簡單的圖畫。孩子們在這堂課結束也要自己畫出圖畫。我將這圖畫和這首歌的樂譜收錄於下。當然你不需要讓孩子看到這樂譜。過些時日，就可以讓孩子看到停在山丘上的是哪些音符，因為那是小馬可以小心地落腳之處，在長的音符處，小馬兒可以停下來休息一會兒。

LITTLE PONY

Little Pony, little pony, up the hill we go. Sometimes you are

very fast, and sometimes you are slow. If I walk a-long

be-sides, then perhaps we'll get there faster. Jumbo Joy, my pride!

四年級和以上的年級

　　以下的這些練習，是我從四年級的學年開始，每一節歌唱課的開頭都會使用的練習，也獲致很好的結果。我試著每一個月大約加入一個新練習，直到一節課開始的暖身大約達 15 分鐘。

　　3. 這是一個單純的音階練習，最後以大調的琶音作為結束。我們以一個方便的音作為起音（大略是中央 C 的音，但我通常不見得一定特意要那個音），在完這第一個音階之後，整個練習往上移一個半音再做，就這樣重複直到我們已經唱到不能再高的音為止。年幼孩子的聲音是有彈性的。通常我們可以唱到中央 C 以上的兩個八度。再來我們「回頭爬下來」，以接續的下降琶音一直唱到最低的音符約低 A 的音：

doh re　mi fa...　ti do, do ti　la...re do do　do do,　mi　sol, do, sol　me do...

　　4. 這個是音程的練習。若一個班級每次上課都能夠將這一個練習唱幾遍，這樣三年下來，孩子們絕對不會對音樂缺乏熱情。在此我並沒有以任何花俏的圖畫來裝扮它。重要的是當孩子們在學習音程的時候，要唱出

音程的名字。以這樣的方式進行一年左右，然後你要求一個五年級生在妳唱出或彈奏音程時，要辨別出幾度音。你會驚嘆於他們所給出的答案！

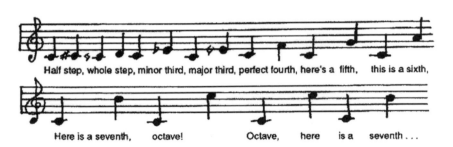

半音、全音、小三度、大三度、完全四度、接著是五度。
這是六度、這是七度、八度音！八度音！、這是七度⋯

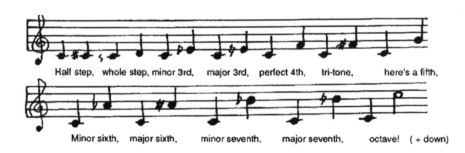

半音、全音、小三度、大三度、完全四度、三全音、接著是五度。
小六度、大六度、小七度、大七度、八度音！（接著往下）

　　5.這一個練習我稱呼為「大黃蜂」，原因很明顯。它很好玩，等到孩子們都很熟悉這個練習後，如果你有一半的孩子哼著最後那個音「嗡嗡」當另一半的孩子們做著練習時。然後再角色互換。這練習也可以輪唱的方式進行，讓第二聲部比第一聲部晚一點，在第三拍時出現。不過有「嗡嗡聲」比較有趣，也能讓孩子的鼻腔通暢。他們也可以試試用牙齒來發出嗡嗡聲，只要以上下排牙齒輕輕碰觸，下顎保持不動即可。

大黃蜂 Bumble Bee

6.「吹泡泡」也是個好練習，讓唱出的聲音就在嘴唇外邊。要注意三連音的節奏是良好且平均的。

吹泡泡 BUBBLING

7.再來的這個練習來自於加州的沙加緬度華德福學校。這對於五年級生會是個大挑戰。訣竅在於要將每一個半音唱得如此準確以致到最後一個音時，你實際上真得唱到一個八度的最高音！（自己要先練習一陣子！）

瑪莉有隻小綿羊，牠的毛髮白似雪；
不論瑪莉到哪裡，小羊總是跟著她。

8.我們稱呼這個練習為「詠嘆調」。四年級和五年級的學生愛極了這個練習。當你做示範給孩子時，要確定你是以「彈跳」的方式唱出高音。孩子當然不會知道，但這可是一個適當地運用橫膈膜來唱歌的美妙練習。做的時候將你的手放在橫膈膜的位置，你將會了解這代表的意義。整個動作就和你在大笑或咳嗽時的感覺很類似。

9.我的班對這一個練習感到震懾，我是在他們五年級時做此練習。他們稱之為「走向天堂」。一開始將班上分組，讓他們唱出一個三度音（*Do* 和 *Mi*），老師自己加入唱出 Sol 的音。然後全部的人一起往上唱，每一次唱高一個半音。當每次往上唱時我以手勢來示意。這是一個謹慎調音的絕佳練習，因為要保持和弦音準是需要不斷的調整。

10. 這個旋律是如此的優美，可以有許多種方式來
運用它。學過這曲子之後，孩子們也許可以在六年級
時，將它做為主課程工作本裡的繪圖手稿的範例。若此
曲已經在音樂課裡運用上了，當然它還是值得在六年級
時，再次作為孩子的音樂體驗。

聖約翰讚美詩 *UT QUEANT LAXIS*

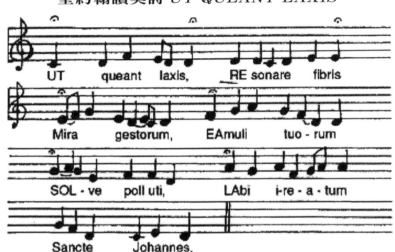

為了要「建造大教堂」，老師將全班分為七組，第
七組會是最大的組別。唱這首歌時，第一組只唱第一個
音～ *UT*，當其他組別接續進行整首曲子時，第一組持
續第一個音。第二組唱到歌詞「*Resonare*」時，停止並
維持 *RE* 音直到樂曲結束。第三組在 *MI* 時「下車」並維

持此音；第四組唱到歌詞「*Famuli*」時停在 *FA* 音。第五組一直唱到歌詞「*Solve*」，停住並維持 *sol* 音。第六組唱到歌詞「*labii reatum*」時保持 *LA* 的音。最後一組，也就是七組裡頭最大的一組，從頭到尾唱完此首歌。全體唱到最後一句時，最早的那幾組的聲音要變得越來越柔和，直到最後一個音時一起淡出。

直笛課的練習

11. 這個是「跳躍 *The Jump*」。一旦你和孩子們有了這個模式，就能夠將它用在所學的各種音階上。這個絕妙的練習可以讓手指很快地放對位置同時蓋住笛孔。

跳躍 The Jump

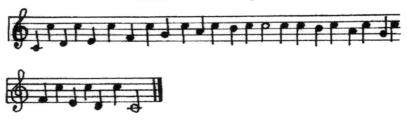

12. 這個練習稱為「冒泡泡」。比「跳躍」困難一些，但它相當好玩，班上孩子也喜歡這個挑戰。試試將這曲子用在他們所學習的各種調性上。你可以一路使用這練習，到學校裡的高年級亦然。

冒泡泡

　其他的練習，可以在高一點的年級裡，吹奏半音音階 (*chromatic scales*) 以及小調音階，加上以上述的練習吹奏所有的調性。

給五年級的音樂性技巧小考

音樂考試

1. 這是什麼音符？音名是 _____
   唱名是 _____

2. 這是什麼音符？音名是 _____
   唱名是 _____

3. 這一小節的拍子數目正確嗎？

4. 這一小節的拍子數目正確嗎？

5. 寫出這些音符的音名 _ _ _ _ _ _ _ _ _ _

6. 這是 C 大調，寫出唱名 _ _ _ _ _ _ _

7. 這些音符都是 do，該是何種調號呢？寫出升降記號。

8. 搖搖搖小船…請以 C 大調，繼續寫完這首曲子的樂譜。

參考書目

Deighton, **Hilda. _Singing and the Etheric Tone_ 歌唱與以太音調**，
Gracia Ricardo 基於她對魯道夫・史代納作品的研究，對歌唱所
做的探索。 由 Dina Winter 編輯。紐約 :Anthroposophic Press 人
智學出版社，1991 年。

Glausiusz, Josie. **_"Neural Orchestra 神經系統的交響樂團_，"** Discover
Magazine 探索雜誌， Brain Watch, 1997 年九月。

Goodwin, Joscelyn. **_Cosmic Music 宇宙的音樂_**，維蒙特州羅切斯特 :
Inner Traditions International, Ltd., 內在傳統國際有限公司，
1989 年。

Harmonies of Heaven and Earth 天堂與地球的和諧，維蒙特
州羅切斯特 : Inner Traditions International, Ltd., 內在傳統國際
有限公司，1989 年。

Steiner, Rudolf 魯道夫・史代納 **_Art in the Light of Mystery Wisdom
神秘智慧光照下的藝術_**，倫敦 : Rudolf Steiner Press 魯道夫・
史代納出版社，1970 年。

The Art and their Mission 藝術及其任務，紐約春之谷 :
Anthroposophic Press 人智學出版社，1964 年。

Balance in Teaching 教學中的平衡，紐約春之谷 : Mercury
Press 水星出版社，1982 年。

Deeper Insights of Education 教育的深層洞察，紐約 :
Anthroposophic Press 人智學出版社，1983 年。

"The Human Being' s Experience of Tone 人類的音調經驗"

此文出於 *Art in the Light of Mystery Wisdom 神秘智慧光照下的藝術*，倫敦 :Rudolf Steiner Press 魯道夫・史代納出版社，1970 年。

Human Values in Education 教育裡的人性價值，倫敦：Rudolf Steiner Press 魯道夫・史代納出版社，1971 年。

The Inner Nature of Music and the Experience of Tone 音樂的內在天性與音調的經驗，紐約春之谷 :Anthroposophic Press 人智學出版社，1983 年。

The Kingdom of Childhood 童年的王國，倫敦：Rudolf Steiner Press 魯道夫・史代納出版社，1974 年。

Occult Signs and Symbols 秘教符號與象徵，紐約春之谷：Anthroposophic Press 人智學出版社，1972 年。

Practical Advice to Teachers 實用教學指引，倫敦：Rudolf Steiner Press 魯道夫・史代納出版社，1976 年。

The Renewal of Education 教育的復甦，英國弗羅斯特羅：Kolisko Archive Publications for Steiner Schools Fellowship Publications, 1981 年。

The Roots of Education 教育之根，倫敦：Rudolf Steiner Press 魯道夫・史代納出版社，1982 年。

Three Lectures for Teachers 給老師的三場講說，斯圖加特：mimeo graph 6/9/1919。

Waldorf Education for Adolescence 給青少年的華德福教育，（補充課程）。英國弗羅斯特羅：Kolisko Archive Publications for Steiner Schools Fellowship Publications, 1980 年。

Van Der Pals, Lea *The Human Being as Music* 人類就是音樂，英
國斯圖爾布里克：The Robinswood Press, 1992 年。

Werbeck-Svardstrom, Valborg. 沃爾堡·芙爾沛 *Uncovering the Voice*
開展聲音，倫敦：Rudolf Steiner Press 魯道夫·史代納出版社，
1980 年。

出版後記

魯道夫‧史代納爲何成立學校？

在他活躍的時代局勢，他希望社會改革而從事社會運動，經過無數場次的演說，他有著強烈的信念，教育是首要的任務，於是他建立第一所學校，目的在於教育大人們，孩子是一起被帶進這個教育之中。

如果你有興趣研究魯道夫‧史代納傳授下來的各主科教學課綱，你會驚覺這樣的教育內容，與我們從小在學校所受的教育課程，完全沒有關係！因爲既然是教育大人，當然不會是爲了增強學測、會考、基測、檢試、晉級等等讀寫算競爭能力而設計的教學方向。

我們熟悉的教育目的是甚麼？

魯道夫‧史代納的教育目標又是甚麼？

如果你讀過一些華德福學校主課教材，一定不難發現所有的主課研究最終都交會在一個重點上，一個唯一的目標上，我從何而來，我爲了甚麼而來，我來的地方就是我要回去的地方，我應該要認識我自己，知道我自己的使命，我必須認識我存在的環境，了解這個世界的需要 ..... 我會完成我來到這個世界的任務，回到我來

的地方～靈性世界……. 在這個世界上的我，如何善用人類的智能與靈性世界合作，一起加入宇宙進化的時光隊伍中……持續不斷地付出與演進！

　　我手邊正好有歐洲歷史、動物學、植物學、如何讀寫、三年級課綱、一二年級數學課綱，還有更多無法一一列舉的教材書籍，它們完全是按照魯道夫對於整個人類發展的觀察與研究理論設計出來的教材，需要不急迫地循序漸進地用來教育我們的孩子，並且所有的授課內容，都與孩子自己有關，全部是在孩子身上工作，需要透過他們的眼朵、眼睛、嘴巴、雙手、呼吸、情感，幾乎用上整個身體來進行。每一個孩子都能自己動手將老師上課提到的內容畫下來或寫下來，像作筆記一樣，成為孩子自己的主課課本，絕無僅有的個人作品，無一相同。老師在孩子的工作本中，看出孩子的學習程度，甚至會看到孩子無限的可能發展。不需要出題目發考卷，便能知曉孩子的學習情況，教育變得非常文明溫柔並與孩子的內在能力真實相遇。

　　儘管台灣華德福教育協會一開始先從人智學相關主題來進行翻譯出版，但是在孩子身上，我們也發覺他們所受的華德福教育課程，更是許多大人進入人智學大

門最容易最明顯的入徑。我們計劃帶著大人一起來學習華德福主課，並且由大人自己動手來完成主課個人工作本，如此真正地走進魯道夫、史代納的人智學教育殿堂。

現在我們順利完成了第四本翻譯出版物～「華德福音樂教育課程的發展與實踐」，算是呈上我們期待落實在音樂教育上的重要參考書，也是實現協會成立近八年以來，一直投注最大心力推動並且長期感到高度興趣的音樂教育理想。

任何一個人的生命都是有限的，但是我們相信永生，靈魂不滅，魯道夫、史代納更是如此透露，人在死後，甚麼也帶不走，唯有你在這個世界上聽見的音樂，學習的音樂，或是參與的音樂，會隨著你的靈魂回到靈性世界，然後根據你在這一世所浸染彙集的音樂素材來重製形塑你未來再度成為人身的重要資材原料，所以我們活在此時此刻，聽甚麼種類的音樂，參與甚麼風格的音樂活動，決定了我們離開人世之後重新再造的乙太身形！這實在是影響至極，我們若知道了，相信了，我們應該會有所覺悟，改變一下我們的音樂喜好！畢竟能接

受客製訂作的良機可貴，若能好好重視，才不枉知遇此生。

　　這正是協會選擇出版這一本音樂書籍的最大動機，希望能散播出去和諧與神聖的音樂良緣，造福這個世界，成就宇宙進化　。

　　　台灣華德福教育協會　出版發行負責人　許綺文

悅樂樂

ㄩˋㄝ ㄌㄜˋㄝ ㄩˋㄝ ㄌㄜˋㄝ ㄩˋㄝ

音樂性的重要

華德福音樂課程的發展與實踐
The Importance of Being Musical

作者：欣希雅．佛朗吉羅 Cynthea A.Frongillo

譯者：李靜宜

出版單位：台灣華德福教育協會

連絡電話：0911-588-264

聯絡地址：宜蘭縣冬山鄉寶慶二路 78 巷 16 號

電子信箱：twwaldorf@gmail.com

封面設計：月牙商業設計

封底攝影：賴吉仁

美術編輯：月牙商業設計

文字編輯：許綺文

責任校稿：許綺文

初版：107 年 7 月

定價：580 元

國家圖書館出版品預行編目(CIP)資料

悅樂樂．音樂性的重要：華德福音樂課程的發展與實踐 / 欣希
雅．佛朗吉羅(Cynthea A. Frongillo)作 ； 李靜宜譯． — 初版． —
宜蘭縣多山鄉 ： 台灣華德福教育協會，民107.07
    面 ；   公分
譯自：The importance of being musical : the development and
        practice of a music curriculum
ISBN 978-986-96724-0-5(平裝)

1.音樂教育 2.中小學教育

523.37   107011124

心得隨記